Abt Gregor Henckel Donnersmarck

Wandelnde Zebrastreifen

Anekdoten aus dem Klosterleben

Mit Illuminationen und einem Glossar von Pater Samuel Rindt

Residenz Verlag

KULTUR
NIEDERÖSTERREICH

Gefördert durch das Land Niederösterreich

Bibliografische Information der Deutschen Bibliothek
Die Deutsche Bibliothek verzeichnet diese Publikation in der Deutschen Nationalbibliografie; detaillierte bibliografische Daten sind im Internet über http://dnb.ddb.de abrufbar.

www.residenzverlag.at

2. Auflage

Illustrationen und Umschlagbild: P. Samuel Rindt OCist
Umschlaggestaltung: Joe Wannerer
Typografische Gestaltung, Satz: Ekke Wolf, typic.at
unter Verwendung der Schrift Minion
Gesamtherstellung: CPI Moravia Books

ISBN 978-3-7017-3163-3

Inhalt

Zu diesem Buch

Eine unerschöpfliche Quelle von Anekdoten zum klösterlichen Leben im Allgemeinen und zu Heiligenkreuz im Speziellen war Pater Hermann Watzl, der langjährige Stiftsarchivar. In den späten siebziger und frühen achtziger Jahren erfreuten sich die jüngeren Mitbrüder, zu denen ich damals noch gehörte, in der abendlichen Rekreation daran, weil wir auf diese Weise konkrete Details aus der Geschichte des Stiftes und über charakteristische Persönlichkeiten erfahren konnten. Natürlich leben Anekdoten von der mündlichen Erzählung und erreichen in der schriftlichen Fixierung nicht die Qualität, die sie bei lebendigem Sprechen haben. Daher ist das vorliegende Bändchen vor allem ein Reservoir, um diese Anekdoten am Leben zu erhalten – sie also umso engagierter wieder erzählen und sich dann auch als Zuhörer wieder daran erfreuen zu können. Wenn die nachfolgenden Seiten trotzdem auch beim Lesen Freude und angenehme Information bringen, umso besser!

Unter den »G'schichteln«, die Pater Hermann zum Besten gab, gab es immer wieder auch solche, wo wir ihn fragten: »Pater Hermann, ist denn diese Geschichte auch wahr?« Darauf lautete seine entwaffnende Antwort: »Merkt's euch: Es gibt wahre Geschichten …« – Pause –, »… ganz wahre Geschichten und solche, die sich auch tatsächlich zugetragen haben!« Unter diesem Motto soll in aller Bescheidenheit dieses Bändchen dem geneigten Leser, der geneigten Leserin empfohlen sein, mit der Versicherung, dass alles in diesem Bändchen »wahr« ist.

Heiligenkreuz, im Sommer 2009

+ Gregor Henckel Donnersmarck O.Cist
abb. S. Crucis

ABC

Pater Canisius war Profess von Hohenfurt und besuchte immer wieder Stift Rein, dessen Prior ich damals war. Er erzählte, dass es in Hohenfurt üblich war, die neu eintretenden Novizen fortlaufend nach dem Alphabet zu benennen – also begonnen mit Adalbert, Benedikt etc. Ich fragte ihn erstaunt: »Ja, aber das wird dann doch schwierig am Ende des Alphabetes?!« Darauf Pater Canisius: »Überhaupt kein Problem: Xaver – Yvo – Zephyrin!«

Alles was ich ha-abe

Durch Pater Thomas Weingartshofers Hände ging aufgrund seines Amtes als Hofmeister viel Bargeld. Anlässlich eines Besuches in Heiligenkreuz humpelte er nach der abendlichen Rekreation mit Pater Petrus durch den Kreuzgang. Vor dem Aufgang zur Kirche hielt er inne, murmelte »Hearst, jetzt muss i schaun, ob i no mei gonzes Göld hab«. Sprach's, griff in die Habittasche, holte ein dickes Bündel

»Blauer« hervor und zählte vor den Augen des fassungslosen Mitbruders etwa 50 000 Schilling herunter. Danach steckte er sie befriedigt wieder ein.

An die Jugend!

Pater Josef Tibitanzl, der gerne in Versen predigte, beendete einst eine Homilie an junge Mädchen so: »Bewahrt euch euer Jungfernkranzel, das wünscht euch Pater Tibitanzl.«

Anachronismus

Im Nachlass von Pater Thomas Weingartshofer fand sich eine Sammlung von Todesanzeigen verstorbener Mieter des Heiligenkreuzer, Schwarzspanier bzw. Wiener Neustädter Hofes. Darunter stach eine besonders ins Auge: Julius Caesar.

Anstiftung

Pater Hermann Riedel hatte die Gewohnheit, täglich (!) den Bodenberg (Hausberg des Klosters, ca. 500 m ü. d. M.) in der Direttissima und in Rekordzeit zu erklimmen. Einmal nahm er sich beim Abstieg ein wenig Muße und suchte Schwammerl. Er fand ein paar wunderschöne Parasolpilze und brachte diese den Damen in der Buchhandlung mit folgenden Worten zum Geschenk: »Gebt's es eure Männer und teit's es damit zizerlweis umbringen.«

Anthropologisches

Ausspruch von Pater Hermann Riedel: »Wo Menschen san, da menschelt's!«

Oder: »Jojo, da Mensch is a schwoches Wesen.«

Armutsgelübde

Bis heute ist es im Kloster als Zeichen der Armut üblich, dass man eine Inventarliste (scheda substantialis) erstellen und dem Abt vorlegen muss. Pater

Norbert war schon in den sechziger Jahren etwas liberaler und gegenüber Abt Karl Braunstorfer unverschämt genug, diese Liste nicht auszufüllen. Er schrieb lediglich lakonisch darunter: »Ich habe alles, ich brauche nichts.«

Ästhetik

Pater Beda hatte einmal Pater Berthold bei einem Begräbnis in Würflach zu vertreten. Später kritisierte Pater Beda dem »Hausherrn« gegenüber die seiner Meinung nach unschöne Art der Aufbahrung in der Friedhofskapelle. Pater Berthold erwiderte trocken: »Stirb amal, dann wirst scho sehn, wie schön's dort is!«

Berühmter Bruder

Pater Adalbert Diehl war in den Sommermonaten immer in Podersdorf, um dort von einem Eisenbahnwaggon (!) aus Seelsorge an den Touristen und Badegästen auszuüben. Einmal kam er mit einem deutschen Gast ins Gespräch. Dieser fragte ihn, woher er komme. Als der erfuhr, dass Pater Adalbert ebenfalls aus dem Ruhrgebiet und auch noch aus Gelsenkirchen kam, fragte er Pater Adalbert nach seinem Nachnamen. »Diehl«, lautete die Antwort. Der Gast: »Sind Sie da mit August Diehl verwandt?« Pater Adalbert: »Ja, das ist mein Bruder.« Begeistert schrie der Piefke quer über die Straße seiner Frau zu: »Stell dir vor, Mama, der Pater da ist der Bruder vom roten Diehl!«

Besetzt!

Vor dem Umbau der Klosterzellen lagen die Klosettanlagen am Gang. Zwischen den Kabinen, die oben und unten offen waren, waren einfache Trennwände. Einmal musste Pater Alban Bunse aufs Klo, fand es jedoch zugesperrt. Er zog wieder ab, um nach fünf Minuten wiederzukehren: immer noch zu! Da Pater Alban nun doch schon von Drang erfüllt war, bückte er sich und schaute unter der Tür durch den Spalt: Er sah zwei Gummistiefel und zog sich schamhaft zurück. Er kehrte noch zweimal wieder – die Stiefel standen unverrückt an ihrem Platz. Nun holte er Mitarbeiter des Bauamts zum Öffnen der Kabine, um dem vermeintlich Bewusstlosen zu Hilfe zu eilen. Die Tür wurde geöffnet – doch man fand die Gummistiefel herren- und inhaltslos vor der Muschel stehen. Ein Witzbold hatte dies zur allgemeinen Verwirrung so arrangiert.

Blinder Passagier

Unser früherer Konventdiener, Herr Brix mit dem riesigen weißen Knebelbart, hatte als solcher u. a. die Aufgabe, auf einem Rollwagerl Brennholz für die Öfen in den Mönchszellen herbeizuschaffen. Einmal hatte sich ein blinder Passagier in den Holzstapel eingeschlichen, der in der Zelle von Fra-

EIN ZU RECHT VERWORFENES SEELSORGSMODELL: DIE MOBILE BEICHTSTREIFE

ter Nikolaus Steinwender abgeladen wurde. Frater Nikolaus wachte in der Nacht von einem seltsamen Kitzeln auf und spürte, wie in seiner Pyjamahose etwas den Unterschenkel hochkroch. Er erstarrte – zum Vorschein kam eine lange Ringelnatter. Der zu Recht geschockte Nikolaus winselte, als er dieses Erlebnis erzählte: »Die hat ma da Leonhard eineg'legt!« Die Beziehungen zwischen den beiden Mitbrüdern waren nie ganz ohne Spannung.

Böhmische Beichte

Ein Heiligenkreuzer Mönch erzog den späteren Fürsten Franz Joseph II. von und zu Liechtenstein auf einem böhmischen Schloss. Als der Onkel von Franz Joseph, der damals regierende Fürst von Liechtenstein, im Sommer auf Besuch kam, wollte er bei dem Pater beichten. Dieser begann die Beichte mit den Worten: »Welche Sünden hatten Durchlaucht die Gnade, seit Ihrer letzten Beichte begangen zu haben?«

Botschaft an den Teufel

Pater Hermann Riedel erzählte von einem Zwettler Mitbruder, der Pfarrer in Rastenberg war. Der böhmische Förster des Grafen Traun war Taufpate beim Kind eines Kollegen. Man erklärte ihm, dass er beim Taufversprechen zu widersagen habe. Der Pfarrer: »Widersagst du dem Satan?« Der Förster (stark böhmakelnd): »Werrrde ihm saggen!« Der Pfarrer: »Und all seinen Werken?« Der Förster: »Werrrde ihm saggen!«

Braut Christi

Als der Herzog von Hohenberg erfuhr, dass ich, sein Vetter Ulrich Henckel Donnersmarck, ins Kloster eintreten wolle, trat er bei nächster Gelegenheit auf mich zu und fragte: »Du nimmst also tatsächlich den Schleier?«

Bubenstreiche

Pater Emmerich und Pater Tecelin waren nicht gut aufeinander zu sprechen. Einmal begab es sich, dass beide erkrankt waren und in nebeneinander liegenden Zimmern am Freigang gepflegt wurden. Damals gab es zwischen den Zimmern noch einen begehbaren Kamin, der von den Waisenbuben von außen beheizt wurde. In diesem Kamin versteckten sich zwei Buben, um die Herren zu ärgern. Einer kam heraus, klopfte an die Tür von Pater Emmerich und schlupfte schnell wieder in sein Versteck. Pater Emmerich öffnete, sah heraus, niemand da – und schloss brummend die Tür.

Jetzt wurde Pater Tecelin in seiner Ruhe gestört. Auch er öffnete die Tür, sah niemanden und schloss sie wieder. Dieses üble Spiel wiederholte sich noch mehrere Male, bis die beiden Übeltäter schließlich gleichzeitig an die Türen klopften. Kaum hatten sie sich versteckt, fuhren die beiden wütenden Patres, die schon hinter der Tür gelauert hatten, mit dem Kopf aus dem Türspalt – und sahen einander ins Gesicht. Pater Emmerich rief seinem Erzfeind zu: »Du Lausbube!«

Buddhisten

Pater Hermann Riedel hatte ein gebrochenes Verhältnis zum interreligiösen Dialog. Eines Sonntags predigte er über die Buddhisten mit folgenden Worten: »Do kummen's mit di g'scherten Köpf und di Safrankittl und dann summen's wie die Bienen umanand ›Ommmm Ommmm Ommmm‹ und in Wirklichkeit san's da Franz Xaver Hinterhuber aus Mödling!« Daraufhin entzog ihm Abt Gerhard Hradil die Predigterlaubnis.

Bund fürs Leben

Als in Schloss Wolfsberg die große Ausstellung »Bamberg in Kärnten« stattfand, wählte man sich diese zum Ziel des jährlichen Konventausfluges, stammt doch Prior Maximilian aus der Erzdiözese Bamberg. Nach dem Rundgang durch die Ausstellung und einem festlichen Essen im Schloss zogen die Mönche in die Schlosskapelle, um dort die Vesper zu singen. Von der Empore aus nahm die Familie des Schlossherrn Andreas Henckel Donnersmarck daran teil, darunter auch die etwa sechsjährige Marie. Begeistert von der wunderbaren Vesper, wandte sie sich an ihren Vater: »Warum können die Mönche nicht hier bleiben?« Ihr Vater darauf: »Die müssen doch jetzt zurück in ihr Kloster gehen.« Für dieses Hindernis hatte Marie sofort eine Patentlösung: »Dann soll halt jeder Mönch eine Nonne von Himmelau [einem nahe gelegenen Karmel] heiraten – dann können sie hier bleiben!«

Casus

Als ich Anfang der neunziger Jahre in Rom weilte, musste ich erleben, dass ich bei jedem Weg durch die Stadt mehrmals um Almosen angebettelt wurde. Nach Beratung mit einem ortskundigen Freund löste ich das Problem, indem ich dem ersten Bettler, der mir morgens begegnete, 1000 Lire schenkte. Allen folgenden Bettlern teilte ich bedauernd mit: »Gia ho dato al collegha« (Ich habe Ihrem Kollegen schon etwas gegeben).

Als ich 1994 meinen Bruder in New York besuchte, sprach mich nach der Sonntagsmesse in der St. Patrick's Cathedral vor der Kirche ein Bettler an. Ich gab ihm einen Dollar. Bei der zweiten Ecke zur 42. Straße näherte sich mir ein zweiter Bettler – den ich mit den Worten abfertigen wollte: »I just gave one dollar to your collegue around the corner. You'll understand – I can give only once a day.« Der schlagfertige Bettler erwiderte: »Oh, that's a real interesting legal case. I will give it to my lawyer, you will hear from him.« Diese Antwort war mir dann doch fünf Dollar wert.

PLÖTZLICH WURDE PIERRE VON DEM UNBESTIMMTEN GEFÜHL ÜBERFALLEN, DASS IHM MIT SEINEM EINTRITT INS KLOSTER „L'ATTRAPPE" EINE ENTTÄUSCHUNG BEVORSTAND...

Das Auge des Betrachters

Wenn Pater Hermann Riedel einem gut aussehenden jungen Mitbruder begegnete, pflegte er zu sagen: »Ja, so a schöner Herr!« Auch ich war immer wieder Adressat dieses Ausrufes. Eines Tages kam mein Vetter Heinrich Augustinus Henckel Donnersmarck in seinem speziellen Priesterzivil – Kniehose, Stutzen und Schnallenschuhe – auf Besuch. Als Pater Hermann uns sah, sagte er sinnend: »Fast noch schöner!«

Das Dings

Abt Karl Braunstorfer sollte einmal in Pfaffstätten die Weihe der neuen Feuerspritze vornehmen. Nun gibt es im Benedictionale viele spezielle Segnungen, eine Feuerspritzenweihe ist dort jedoch nicht vorgesehen. Also griff Abt Karl zur allgemeinen Segensformel, doch während er diese sprach, fiel ihm das Wort »Feuerspritze« partout nicht mehr ein. Er stockte und fuhr leicht stotternd fort: »Herr, segne dieses Gerät, mit dem man das Feuer bekämpft.«

Das g'hört mit »n«!

Als Nuntius Donato Squicciarini Pater Alban Bunse zum Diakon weihte, nannte er ihn mehrfach, mit Nachdruck und Aplomb: »Pater Bumse« – zum allgemeinen Amusement der Anwesenden.

Das Kloster im Wandl

Pater Raphael Wandl war als sehr strenger Präfekt mit fast sadistischen Zügen bekannt: Er pflegte seinen Zöglingen mit seinem riesigen Schlüsselbund eins überzubraten. Die Kinder der Familie Krones zitierte er in regelmäßigen Abständen zu sich und sagte: »Krones, sag deiner Mutter: Ich komme heute um drei Uhr – zwei Schalen Bohnenkaffee und zwei Kipferl mit Butter!« Seine Buben pflegte er in einem deutsch-lateinischen Gemisch zu ermahnen: »Nolite raufere!«

Das Talent der Ehefrau

Pater Adalbert Diehl war bei einem befreundeten Ehepaar zu Gast, das er kurz zuvor getraut hatte. Enthusiasmiert nach dem Genuss einer fulminanten Menüfolge, rief er in Richtung des Hausherrn, bezogen auf die Hausfrau: »Also kochen kann se!« (mit Betonung auf »kochen«).

Dem Spediteur ist nichts zu schwör!

Zweimal im Jahr müssen im Kloster alle Chorbücher – auch die großen Psalterien – von der Bernhardikapelle in die Stiftskirche et vice versa getragen werden. So ging auch ich einmal schwer beladen mit einem großen Psalterium Richtung Bernhardikapelle. Neben mir trug der Novize Frater Kilian seine Chorbücher. Ganz höflich bot er an: »Herr Abt, soll ich Ihnen nicht die Bücher in die Kapelle tragen?« Ich winkte ab: »Danke, aber ich war ja einmal Spediteur und muss meine alte Berufsehre hochhalten.« Darauf Frater Kilian mit Schalk im Blick: »Wenn das so ist, kann ich Ihnen ja meine Chorbücher noch dazugeben …« Meine

Antwort: »Dann müssen Sie sich aber auf eine gesalzene Speditionsrechnung gefasst machen!«

Der heilige Leopold

Am 15. November 1977 hielt Abt Franz das Conventamt. Er hatte sich folgenden Beginn zurechtgelegt: »Als der fromme Markgraf verstarb, sagte damals schon das ganze Volk: ›Der *heilige* Leopold ist gestorben!‹« In seiner temperamentvollen Hektik kam Abt Franz jedoch durcheinander und er begann: »Als der heilige Leopold gestorben war – (Schreckenspause!) –, sagte das ganze Volk: ›Der heilige Leopold ist gestorben.‹« Der ganze Konvent schmunzelte.

22 Jahre später hielt ich das Konventamt zum Hochfest und begann: »Als der fromme Markgraf verstarb, sagte damals schon das ganze Volk: ›Der *heilige* Leopold ist gestorben!‹« Worauf der ganze Konvent lachte.

Der vielfache Tod des Pater Alberich Phillip

Pater Alberich Phillip Klein war blind und steinalt und legte sich mehrmals pro Jahr zum Sterben nieder. Eines Tages war es wieder soweit, Pater Alberich lag offenbar im Koma, um ihn versammelt die Mitbrüder, die Sterbegebete murmelten. Pater Thomas Weingartshofer, gehbehindert und ebenfalls kränklich, kam als Letzter in das Zimmer. Als er gerade in der Tür stand, schlug Pater Alberich die Augen auf und sagte: »Jesus, ist der Pater Thomas im Sterben?« Ein anderes Mal kam er wieder zu Bewusstsein, sah die trauernden Mitbrüder und fragte: »Ist das jetzt der Himmel?«

Die Leiden des jungen S.

Die komplizierte Lebensgeschichte des Pater Siegfried Lesnik zwischen Schlesien, Polen, Deutschland und Österreich und den damit verbundenen Versuchen, ein geistliches Leben zu beginnen und wieder zu beenden, beinhaltete auch eine Phase, in der er verheiratet war. In der Vorlesung berichtete er dazu Folgendes: »… und dann bin ich durch das Matrimonium gegangen …« Frater Amadeus kommentierte das so: »Das klingt, als ob er sagen wollte: ›Ich bin durchs Purgatorium gegangen!‹«

Diktat

In meiner Zeit als Sekretär an der Hochschule bekam ich von Pater Augustinus den Auftrag, ein Schreiben an Abt Franz Gaumannmüller zu verfassen. Als Schlussfloskel wäre »und so grüße ich in ganz ergebenem Gehorsam« angemessen gewesen. Pater Augustinus war mit dem Brief generell zufrieden: »Schreiben S' den Brief noch amal, lassen S' den Gehorsam weg, mit dem hab' ich's net so sehr …«

Dominikanisch

Im Jahr 1980 kam der weltbekannte Dominikanerphilosoph Joseph Maria Bochenski zu Vorlesungen nach Heiligenkreuz. Er war ein Mann, der immer die Szene beherrschte. Das begann schon damit,

DIE MÖNCHE WAREN SICH EINIG:
VON ALLEN EINSCHLAFHALTUNGEN
IM FRÜHCHOR WAR DIE VON FRATER
BATMANUS DIE ORIGINELLSTE!

dass er in einem riesigen Cadillac, der in hellen, aber sehr bunten Farben angemalt war, im Stift vorfuhr; selbstverständlich hatte er die ganze Strecke von Fribourg bis Heiligenkreuz selbst bewältigt, obwohl er damals schon fast 80 Jahre alt war.

»Hat mir ein guter Bekannter geliehen«, war sein kurz gebrummter Kommentar auf unsere in den Gesichtern lesbare offensichtliche Überraschung. »Ich habe mich schon informiert, dass in Ihrer Nähe der Sportflughafen Bad Vöslau ist. Dort werde ich in den Vorlesungspausen hinfahren, um meine Flugstunden für dieses Jahr zu sammeln.«

Nun war unsere Verblüffung noch größer. Dies hatte er nebenbei wohl sogar beabsichtigt und freute sich daran. Kein Zweifel, dass er sich auch am Fliegen selbst kindlich erfreute.

In den Wochen, in denen Professor Bochenski bei uns in Heiligenkreuz weilte, fand auch ein Konzert mit Klaviermusik von Frederic Chopin im Kaisersaal statt. Natürlich lag es nahe, den Polen Bochenski zu diesem Ereignis einzuladen. Aber wieder setzte er uns in großes Erstaunen mit der Bemerkung: »Bleiben Sie mir damit vom Halse! Was kann *ich* dafür, dass ich Pole bin! Für mich ist die Musik von diesem ›Schoppen‹ oder ›Roppen‹ oder wie der Kerl auch heißen mag, nichts als unangenehmer Lärm!«

Damit waren wir jedenfalls um eine kulturelle Illusion ärmer; nicht jeder Philosoph muss auch musikalisch sein …

Draußen vor der Tür

Als Waltraud Krones am 24. September 1955 in ihrem Elternhaus getauft werden sollte, erschien der Taufpriester Pater Michael Rustler in Begleitung von Frater Nikolaus Steinwender, dem Sakristan. Bald stellte sich jedoch heraus, dass Frater Nikolaus den Chrisam vergessen hatte – so musste sich dieser auf den Weg zurück ins Kloster machen. In der Zwischenzeit kam auch die letzte der Gäste verspätet an, Tante Fritzi Nedelcovic aus Baden. Wie im Hause Krones üblich, wurde nach diesem vermeintlich letzten Gast die Gartentür versperrt, um vor unliebsamen Störungen während der heiligen Handlung gefeit zu sein. Nun kehrte jedoch Frater Nikolaus mit dem Chrisam zurück – und fand das Gartentor versperrt. Er erwog verschiedene Möglichkeiten, überkletterte dann jedoch in seiner schwarzen Soutane das Hindernis und so konnte der Taufakt seinen Gang nehmen. Diese Szene hatte aber eine vorbeigehende Bekannte beobachtet, wie sie später leicht entrüstet den Damen der Familie mitteilte: »Bei eich kreuln die Geistlichen ja scho übern Zaun!«

Ein Freund, ein guter Freund

Pater Ludwig Schenker erzählte einmal voll Entrüstung einem Mitbruder: »Stell dir vor, kommt in der Buchhandlung ein völlig unbekannter Mann auf mich zu und fragt: ›Kennen Sie den Pater Ludwig? Das ist nämlich ein guter Freund von mir.‹ Da hab ich aber einen roten Kopf bekommen!«

Ein nützliches Erbe

Pater Balduin Strutzenberger fuhr einmal zur Messaushilfe in eine Pfarre, wo gerade der Mitbruder gestorben war. Als er sich im Pfarrhof zur Nachtruhe bettete, sah er am Nachtkastl ein Glas stehen, in dem das falsche Gebiss des Verblichenen badete. Kurz entschlossen entnahm Pater Balduin die Zähne dem Glase, probierte sie an, stellte erfreut fest, dass sie passten – und ließ sie gleich im Munde. So wurde auch in diesem Falle klösterliche Kontinuität bewahrt.

Ein unmoralisches Angebot

Pater Thomas Weingartshofer war über viele Jahre Hofmeister im Heiligenkreuzer Hof, wo er auch die Woche über residierte. Weil er ein großer Liebhaber der klassischen Musik war (und selbst Cello spielte), ging er gerne in die Staatsoper. Beim nächtlichen Heimweg durch die Kärntner Straße, damals noch von Autos befahren und von Damen des leichten Gewerbes frequentiert, passierte ihm Folgendes, was er Pater Petrus mit geheimnisvollem Ton überbrachte: »Stö da vur, geh i durch die Kärntner Stroßn, mit'm Binderl, kummt so a Pupperl zu mir her, greift mir aufn Oarm, und sogt: ›Na, wie war's mit uns, Schatzerl?‹ Pater Thomas, ganz verdattert: ›Bin i glei in Stephansdom gangen.‹«

Ein Zeremoniär hat es oft schwär

Pater Michael Rustler war lange Zeit Zeremoniär. Als solcher hatte er die Prozession zum Einzug von der Sakristei in die Stiftskirche zu ordnen. Vor dem Abt stehend musste er, wenn alle in Reih und Glied aufgestellt waren, den Befehl zum Abmarsch geben. Pater Michael: »Procedamus!« Nichts geschah. Pater Michael, ein zweites Mal, verwundert, etwas lauter: »Procedamus!« Wieder geschah nichts. Pater Michael: »Geht's weida ös Klacheln!« Woraufhin sich die Prozession plötzlich bewegte.

Erneuerungsbewegung?

Franz Kainrath, Konventdiener in Heiligenkreuz, war vorher auch einige Jahre Hausdiener bei den Salesianern in Unterwaltersdorf gewesen. Darüber berichtete er wichtig: »Wissen S', i war ja früher bei die Salizianer!«

Es wird ein Wein sein …

Pater Benedikt musste die Vorabendmesse in Heiligenkreuz lesen. Als es zur Kelchkommunion kam, musste die entsetzte Pfarrgemeinde miterleben, wie der Priester den Wein angeekelt auf den Altar spuckte. Es stellte sich heraus, dass Herr Büchler, der Sakristan, Wasch- und Putzmittel aus

Großcontainern in Messweinflaschen umzufüllen pflegte. Der arme Pater Benedikt hatte sich mit Pril die Kehle verätzt.

Eschatologisch

Einmal saß ich mit drei Mitbrüdern am Frühstückstisch. Der Älteste der Runde berichtete von seinem soeben vollendeten Buch. Er schilderte den Vertrag mit dem Verlag und fügte hinzu: »Damit steh' ich mich finanziell a bissel besser.« Darauf ich: »Ich hab' immer geglaubt, dass im Rahmen deiner gelobten Armut deine Honorare mir zustehen …« Darauf der Mitbruder weinerlich: »Nach meinem Tod kriegst eh alles.« Ich: »Mit Gelübden nach dem Tod ist nicht viel los. Wenn du mir den Zölibat und den Gehorsam auch erst nach dem Tod erfüllst, nützt das auch nicht viel. Die Erfüllung des Gelübdes der ›stabilitas loci‹ ist allerdings im Tod ideal erfüllt!«

UND ER LÄUFT UND LÄUFT UND LÄUFT ...

Extra omnes

Der Mesner Büchler war bekannt dafür, nach dem Konventamt die Kirchenbesucher mit eisernem Besen aus der Kirche zu treiben. Dabei rief er mit rollendem Meidlinger »L« ziemlich laut und grimmig: »Bitte verllassen Sie sofort die Kirche, in wenigen Minuten beginnt die nächste heillige Messe!«

Es kam das Jahr 1978 mit seinen beiden Konklaven. Die Fernsehübertragung vom Beginn des zweiten Konklave endete mit den milde gesprochenen Worten des freundlich lächelnden Erzbischofs Vigilio Noe: »Extra omnes.«

Frater Amadeus, der diese Übertragung sah, meldete sich treffend zu Wort: »Da stell ich mir jetzt den Büchler vor, wenn er brüllt: ›Verllassen Sie bitte sofort die Sixtinische Kapellle, in wenigen Minuten beginnt das nächste Koncllave!‹«

Falsch infuliert

Einmal fungierte Pater Johannes als Diakon bei Abt Karl Braunstorfer. Er hatte den Dienst an der Mitra zu versehen. Von Pater Michael Rustler, dem Zeremoniär, respektlos »der Bumpf« genannt. Pater Johannes war noch nicht so geübt im ewigen Auf und Ab des Kopfschmucks, weshalb ihm gravierende Fehler unterliefen. Nach dem Auszug rügte ihn Pater Michael milde: »Oba Hansi, ned mit de Zöpf nach vurn!«

Farbenspiel

Im Frühjahr 2007 hielt der Heilige Vater eine große Überraschung für mich bereit: Mir wurde ein violetter Pileolus verliehen. Protokollexperten behaupten, dies sei nötig gewesen, weil der Papst ein weißes Käppchen trage und niemand in seiner Gegenwart ein gleichfarbiges tragen dürfe.

Nachdem Nuntiaturrat Feulner mir den neuen Pileolus überreicht hatte, informierte ich natürlich alle Verwandten und Freunde schnellstens per SMS. In meiner freudigen Verwirrung verwechselte ich jedoch violett mit rot, ohne deshalb zu glauben, dass ich Kardinal geworden wäre. Das SMS lautete also fälschlicherweise: »Der Heilige Vater hat mir einen roten Pileolus verliehen.« Unter den zahlreichen Gratulationen befand sich auch die von Pater Maurus Zerb mit folgendem Inhalt: »Das halte ich für sehr unwahrscheinlich!« Dadurch bemerkte ich meinen Irrtum und beeilte mich, ihn zu berichtigen. Das neue SMS lautete: »Der vom Heiligen Vater verliehene Pileolus ist selbstverständlich VIOLETT!«

Nach dem ersten SMS hatten mein Neffe Andreas Henckel Donnersmarck und mein Vetter Gerhard Hohenberg gemeinsam gerätselt, was denn ein roter Pileolus sei; Gerhard meinte schließlich: »Es ist wohl ein klerikaler Oscar!« (Es war dies wenige Wochen nach der Verleihung des Oscars an meinen Neffen Florian Henckel von Donnersmarck.) Aufgrund des zweiten SMS kamen beide dann überein: »Es ist wohl doch nur ein klerikaler Bambi!«

Nach dem ersten SMS schrieb Pater Leo: »Ich habe immer gewusst – der Papst ist unfehlbar!« Nach der Korrektur, enttäuscht: »Ist der Papst vielleicht *doch* nicht unfehlbar?«

Genosse Abt

Als Abt Karl Braunstorfer, der als Abt von Heiligenkreuz auch den Titel eines Prälaten trug, einmal in einer sozialistischen Gemeinde eingeladen war, wurde er vom Bürgermeister in guter alter marxistischer Manier begrüßt: »Euer Gnaden, hochwürdigster Herr Prolet!« Abt Karl lächelte milde. Den Bürgermeister plagte wohl ein Freud'scher Versprecher!

Geschüttelt

Im Jahr 1977 noch bei der Firma Schenker beschäftigt, aber schon entschlossen, ins Kloster zu gehen, ließ ich mich von meiner Mutter fotografieren. Unter das Foto im Album schrieb ich folgenden Schüttelreim:

»Hier sieht man, wer's nicht glaubt, zum Henker, –
kurz vor dem End' des Jobs bei Schenker –
den frohgemuten Ulli Henckel,
gestützt die Hand am Oberschenkel«.

Glauben Sie ja nicht, wen Sie vor sich haben! I

Pater Ludwig Schenker: »Stellen Sie sich vor, vor ein paar Tagen steh ich im Vorraum der Bernhardikapelle, da springt so ein junger Mann in Cowboyhosen auf mich zu und fragt mich in höchst unartikuliertem Dialekt: ›Habt's a Kukulln für mi?‹ Darauf sag ich empört: ›Sagen Sie mal, wer sind Sie eigentlich?‹ Sagt er mir doch tatsächlich: ›I bin der Abt von Wilhering.‹«

Glauben Sie ja nicht, wen Sie vor sich haben! II

Nach einem Konzert der Donkosaken in der Stiftskirche fand im Leopoldisaal des Gasthauses ein Abendessen statt. Neben mir saß ein elegant aussehender älterer Herr, mit dem ich mich blendend unterhielt. Schließlich lüftete der Herr sein Inkognito und überreichte mir eine vornehme Visitkarte, auf der zu lesen stand:

Oberst Sir Adolf Ribisel
Verbindungsmann zum Diplomatischen Chor.

Ich studierte diese Karte mit steigender Verwirrung. Als mein Gesprächspartner dies bemerkte, begann er zu erklären: »Ich stamme aus Graz und meine Familie heißt tatsächlich Ribisel. Als ich getauft wurde, war der Name Adolf noch nicht negativ bekannt geworden. Ich bin wirklich pensionierter Oberst des österreichischen Bundesheeres. Im Zweiten Weltkrieg war ich Jagdflieger in Afrika. Im Zuge der Kampfhandlungen schoss ich einen englischen Jagdflieger ab. Ich landete neben ihm in der Wüste, nahm ihn im Flugzeug mit und rettete ihm so das Leben. Dieser Flieger erwirkte nach meiner Befreiung aus der Gefangenschaft und dem Ende des Krieges bei König Georg VI., dass mir der Titel ›Sir‹ verliehen wurde. Derzeit leite ich einen Amateurchor, der sich aus den Mitgliedern des Diplomatischen Corps zusammensetzt!« Da war ich baff.

Gleichgesinnte oder Begegnung der anderen Art

In Wien lebte viele Jahre lang ein hochgradiges Original: Ein älterer Mann in weißer römischer Toga, am Haupt einen Lorbeerkranz, in der Hand einen Stab und sommers wie winters mit nackten Füßen in Römersandalen – so wanderte er durch die Innenstadt und verkündete ein naturbezogenes Leben. Da er Wald, Luft, Licht und Sonne zum Thema seiner Botschaft machte, nannte er sich Waluliso.

Einmal, als ich über den Stock-im-Eisen-Platz ging, erblickte mich Waluliso und winkte mich mit einer herzlich einladenden Geste zu sich, begleitet von den Worten: »Servas, Kollega!« Ich kam der Einladung gerne nach und begrüßte ihn freundlich.

Gregor der Glückliche

Pater Johannes Jillek, genannt »der Trapperl«, hielt eine Gesangsprobe mit den jungen Mitbrüdern. Damals noch Frater, beschwerte ich mich bei ihm, weil ein Mitbruder im Chorgestühl neben mir so falsch sang. Darauf Pater Johannes: »An irgendwas müssen Sie ja schließlich leiden, es geht Ihnen doch sonst so gut.«

Gruselgeschichte

In den zwanziger Jahren war ein Mitbruder gestorben und wurde in der Totenkapelle aufgebahrt. Damals war es noch üblich, dass auch nachts Totenwache gehalten wurde, die Mitbrüder wechselten sich dabei ab.

Es war also Nacht, Dunkelheit, absolute Stille, die Kerzen flackerten auf den Leuchtern und warfen wilde Schatten an die Wand. Als würden die Skelette sich im Totentanz wiegen. Der Mönch fühlte sich etwas unwohl, betete jedoch tapfer weiter.

Plötzlich zerreißt ein unmenschlicher Schrei die Stille: »Uaaahhhhh …« und der Tote schnellt aus dem Sarg empor und setzt sich auf. Er starrt den zu Tode erschrockenen Mönch aus leeren Augen an. Dieser gerät in Panik und läuft davon, weckt einige Mitbrüder und schreit: »Der Tote sitzt in seinem Sarg!«

Die Geschichte klärte sich auf natürliche Weise auf.

Der Pater war im Sitzen gestorben und erst aufgefunden worden, als bereits die Leichenstarre eingetreten war. Er wurde mit Gewalt gestreckt und in den Sarg gezwängt, ein Gurt sollte ihn dort niederhalten. Dieser Gurt war jedoch gerissen, der Tote schnellte hoch, die Luft entwich aus seinen Lungen und erzeugte dieses unheimliche Geräusch.

„ABT ROGUS II. DANKTE DER STADT FÜR DIE EINZIGARTIGE WÄRME, MIT DER ER AUFGENOMMEN WURDE." (AUS DEM MARTYROLOGIUM)

Hadsch

Ein Novizenmeister ging mit seinen Novizen bei Königshof im Burgenland spazieren. Als sie so im Gänsemarsch im Habit durch die Felder daherkamen, richtete sich ein Bauer von der Arbeit auf und rief ihnen zu: »Geht's es auf Mekka?«

Harthörig

Der schwerhörige Professor Lentner prüfte Frater Nikolaus Seitz. Die Frage hätte folgende Antwort verlangt: Thomas von Aquin. Frater Nikolaus hauchte nach der Frage vorsichtig die richtige Antwort. Professor Lentner: »So sag'n S' es doch!« Frater Nikolaus sprach lauter, doch Lentner verstand ihn noch immer nicht. Schließlich, beim vierten Anlauf, stand Frater Nikolaus auf und brüllte Lentner ins Ohr: »Thomas von Aquin!!!« Da lächelte der Professor befreit und sagte: »Ja, warum sag'n S' es net gleich?«

Hausmarke

Als ich 1986 Prior in Stift Rein wurde, war ich de facto Nachfolger des berühmt-berüchtigten Abtes Paulus Rappold. Dieser war bekannt dafür gewesen, bei allen möglichen und unmöglichen Gelegenheiten ein Stamperl oder Glaserl oder deren mehrere anzubieten und zu konsumieren.

Mir war dieser Habitus völlig fremd, auch sonst war ich bei der Führung des Klosters um nüchterne Sachlichkeit bemüht. Es war also kein Wunder, dass ich nach kurzer Zeit folgenden Spitznamen bekam: »Hen(c)kel-Trocken«.

Himmelsboten

Pfarrer Konrad Sterninger, der eine Zeit lang als einfacher Profess in Stift Rein lebte, erzählte aus seiner davor liegenden Kaplanszeit, wie er einmal als Nikolaus verkleidet Familien seiner Pfarre besuchte. In einem Bauernhaus berichtete eine Mutter besorgt, dass ihr fünfjähriger Franzl manchmal kleine Küken (steirisch: Wuserln) mit der Faust zerdrücke.

Der Nikolo begann also zuerst, den Franzl zu loben und auch sanft zu tadeln. Schließlich kam er aber zum zentralen Thema: »Gar nicht gefällt dem Nikolaus, dass du manchmal Wuserln umbringst!« Der Franzl starrte den allwissenden Nikolo fassungslos an, dann sprangen Tränen waagrecht aus seinen Augen, er bekreuzigte sich mehrmals und begann hektisch zu beten: »Heiliger Zuzengel mein …«

Hoch hinaus

Der Sakristan Herr Büchler nützte die Reinigung des Avanzo-Baldachins in der Stiftskirche, um einmal die Figuren unterm Kirchendach näher zu begutachten. Trotz seiner Säbelbeine erkletterte er behände das Gerüst. Enttäuscht kam er bald wieder herab, pflanzte sich vor Pater Dominicus auf und empörte sich: »Also Pater Dominik, die Trinität is a nur so groß wia i!«

Hofzeremoniell

Pater Gerhard Spix (deutscher Abkunft) aus Stift Rein sitzt an der Pforte. Es kommt Prinz Heinrich von und zu Liechtenstein vorbei, der mit der Tochter von Kaiser Karl und Kaiserin Zita verheiratet ist. Letztere weilte ab und zu bei ihm in der Steiermark auf Besuch. Pater Gerhard fragt den Prinzen: »Sagen Se mal, wie geht es eigentlich Ihrer Schwiegermutter?«

Hopfen, Malz

Szene: Heilige Messe in der großen Sakristei. Pater Michael Rustler ist Zelebrant. Frau Seemann, auch »das Ross Gottes« genannt (groß, tiefe Stimme, Generalsfigur), ist anwesend. Pater Michael: »Der Herr sei mit Euch.«

Volk: »Und mit Deinem Geiste.«

Frau Seemann, nachklingend: »Und mit Deinem Geiste.«

Erste Fürbitte: »Wir bitten Dich für unseren Papst …«

Volk: »Wir bitten Dich, erhöre uns.«

Frau Seemann, nachklingend: »Höre uns.«

Bei der vierten Fürbitte wurde es Pater Michael zu blöd, er formulierte: »Gib, dass alle anwesenden Gläubigen im gleichen Rhythmus die Antworten geben.«

Volk: »Wir bitten Dich, erhöre uns.«

Frau Seemann, nachklingend: »Höre uns.«

Pater Michael, resignierend, laut: »Nutzt a nix.«

Hypochonder

Pater Hermann Riedel war ein begnadeter Hypochonder. Als sein langjähriger Freund an Krebs erkrankte und starb, stellte er umgehend an sich dieselben Symptome fest, legte sich ins Bett und bereitete sich auf das Sterben vor. Er rief Pater Dominicus Trojahn herbei und sprach mit sterbender Stimme: »Gehen Sie zum Kaufhaus Paur und kaufen Sie zwei Batterien – ich habe gehört, dass man im Koma Radio hören kann.«

Identitäten

Pater Julius Schmid, der ein ironischer Zeitgenosse gewesen sein muss, nannte sich selbst gerne »Schmulius Jid«. Eine andere Selbstbezeichnung lautete: »Papst von St. Lorenzen«. 1975 wurde Pater Bernhard von Paul VI. in Rom zum Priester geweiht. Als der Neupriester Pater Julius voll Stolz mitteilte, der Papst selbst habe ihn geweiht, schüttelte Pater Julius den Kopf und sagte: »Erinnere mich nicht, Sie zum Priester geweiht zu haben …«

Il Principe

Bei meiner Priesterweihe am 1. August 1982 ereignete sich die folgende Geschichte:

Vor dem Einzug steht hinter dem Gitter der Stiftskirche der etwas zu spät gekommene Kari Fürst von Schwarzenberg. Herr Büchler, der Sakristan, schlurft auf ihn zu und sagt gestreng, indem er die Gittertür aufmacht und Kari hinter dieselbe schiebt: »Gehen S' da eine, dass sich die Geistlichkeit frei entfalten kann.«

Die Prozession zieht ein, an ihrem Ende der Weihespender, Bischof Maximilian Aichern. Er erkennt Schwarzenberg, bleibt stehen – und unter den Augen des erstaunten Herrn Büchler macht er die Gittertüre auf, zieht den Kari heraus, nimmt ihn zu sich und sagt: »Durchlaucht, kommen S' a bisserl weiter nach vorn!«

Im Rausch

Pater Ludwig Schenker litt an Magenkrebs und durfte nur mehr leichte und feine Speisen zu sich nehmen. Pater Josef und Pater Dominicus, die ihn pflegten, hatten die Aufgabe, aus Baden edle Delikatessen herbeizuschaffen, an denen sie sich auch selbst delektierten. Als die Krankheit fortschritt und Pater Ludwig arge Schmerzen litt, bekam er von Dr. Karlsberger Morphium verabreicht. Pater Ludwig begeistert zu Pater Dominicus: »Also, Pater, seit heute 9.58 Uhr bin ich Morphinist. Ich kann Ihnen das nur sehr empfehlen!«

Im Tempel

Auf der Piazza Tempio di Diana, die vor dem Generalatshaus in Rom liegt, fragte mich einmal ein Besucher, woher dieser Name käme. Ich erklärte, dass unter dem Generalatshaus die Reste des Diana-Tempels lägen. Der Fremde sah mich spitzbübisch an und meinte: »Aha, da haben Sie also eben im Tempel der Diana zelebriert.«

In luftiger Höh'

An der Gartenfassade des Konventtrakts ragte ein Gerüst bis in den ersten Stock hinauf. Vor den Fenstern war eine Plastikplane zum Schutz vor Staub angebracht. Pater Alberich Phillip Klein, damals noch nicht blind, bemerkt, dass sich die Plastikplane losgelöst hat. Kurz entschlossen steigt er aus dem Fenster im ersten Stock, schwingt sich auf die schwankenden Bretter des Gerüsts und geht zum Fenster seines Nachbarn Pater Heinrich Mayer. Dieser sitzt am Schreibtisch und arbeitet. Plötzlich hört er ein Klopfen am Fenster – öffnet es verdattert und hört: »Pater Heinrich, hättest du vielleicht ein paar Reißzwecken?« Darauf Pater Heinrich mit hoher Stimme: »Spinnst, Alberich, spinnst?«

BILLAKATION, DIE [f.];
FÄHIGKEIT, DIE DEN
TRÄGER ERMÄCHTIGT,
EINKAUFEN ZU GEHEN
OHNE DIE ZELLE ZU VERLASSEN.

Jung samma, fesch samma!

Im Oktober 2006 übertrugen ORF und ZDF die Sonntagsmesse aus Stift Heiligenkreuz. Am nächsten Tag traf ich im »Schwarzen Kameel« in Wien Altbürgermeister Helmut Zilk. »Ihr wart's ja gestern im TV großartig!«, rief er begeistert. »Und mei Dagi wollt vom Fernseher nimma weg … Dauernd hat s' g'sagt, lauter fesche junge Männer, lauter fesche junge Männer …« Der zahlreiche Ordensnachwuchs in Heiligenkreuz war bei Dagmar Koller offenbar auf fruchtbaren Boden gefallen.

Katzenleid

Pater Ansgar stattete einer befreundeten Familie einen Besuch ab, bei dem er sofort des üppigen Katers Otto ansichtig wurde, der sich auf der Couch breitgemacht hatte. Pater Ansgar, selbst recht üppig, der dort ebenfalls Platz nehmen wollte, meinte lakonisch: »Mach Platz, Mieze, sonst biste platt.«

Kein Würstel!

Pater Josef Tibitanzl fuhr einmal vom Westbahnhof ab. Er hatte sein Abteil bereits bezogen und das Zugfenster geöffnet, da kam ein Mann mit einem Wagerl vorbei und schrie: »Heiße Würstel, heiße Würstel!« Pater Josef verneigte sich und rief: »Heiße Tibitanzl!«

Kirchenvater

Pater Laurentius Preidler war als Bauernsohn ohne höhere Bildung in das Stift Rein eingetreten und als engagierter Seelsorger zum Diakon geweiht worden. Natürlich hatte er die Kirchenväter nicht wirklich studiert. So passierte es, dass er bei der Väterlesung in den Vigilien, als ein Text von Ephrem dem Syrer vorzutragen war, diesen folgendermaßen einleitete: »Aus den Werken von Ephrem dem Steirer.«

Klostergriechisch

Pater Maurus beobachtete, dass man sich im Kloster wegen der »Armut« einige Dinge einfach so nebenbei »nimmt«. Er beschrieb das so: »Ja, ja, es gibt eine klösterliche Vokabel, die heißt *kleptomai* – übersetzt: ich mache mir zum Geschenk!«

Komponistenkunde

Pater Dominik Kaindl war aus dem Kloster Hohenfurt, wo er vor der Vertreibung 1945 Administrator gewesen war, nach Stift Heiligenkreuz geflüchtet. Er war ein blitzgescheiter und gebildeter Mann, stellte jedoch sein Licht gern unter den Scheffel. Wenn er im Haus der Familie Krones zu Gast weilte, wiederholte sich immer die gleiche Szene: Pater Dominik tritt in den Salon, blickt auf das Bild über dem Klavier und fragt eine der Damen des Hauses: »Wer issen dös? Is dös da Schubert oder der Mozart?« Die Antwort der Hausfrau: »Aber Pater Dominik, das ist der Beethoven!« Pater Dominik: »Was ös alles wisst's, seid's ös g'scheite Leut!«

Kukulle

Als ich noch Kandidat war, wurde ich von Pater Ludwig Schenker-Angerer, dem ehemaligen Eigentümer meiner Firma, der auch seiner Berufung gefolgt war, im Kloster betreut. Er führte mich herum und zeigte mir alles. Nach dem Abendessen nahm er seine Kukulle vom Haken, dabei bemerkte ich einen großen roten Stoffstreifen in derselben. Auf die Frage, wozu dieser diene, antwortete Pater Ludwig: »Damit die Kukulle nicht verwechselt wird.« Ich wagte zu bemerken, dass dazu doch die Monogramme dienten. Darauf Pater Ludwig, verzweifelt: »Was nützt denn das in einem Konvent von lauter Analphabeten!«

ELFRIEDE K., DAUERPATIENTIN
AUF DER ONTOLOGISCHEN AMBULANZ

Lässliche Sünden

Als Novize traf ich bei einem Begräbnis den Wiener Domprediger Adolf Zimmermann. Wir kamen ins Gespräch und auf die Frage des Dompredigers: »Was haben Sie vor Ihrem Eintritt ins Kloster gemacht?«, antwortete ich etwas eitel: »Nun, eher ungewöhnlich: ich war Spediteur in Barcelona!« Darauf Zimmermann: »Machen S' Ihnen nix draus, i war früher Waffenhändler in der Dominikanischen Republik!«

Lechts und Rinks

Während einer Rekreation besprach ich mit Pater Samuel die Probleme bei der Übertragung der politischen Begriffe »rechts« und »links« bzw. »konservativ« und »liberal« auf die Bereiche der Kirche. Pater Subprior Simeon, der mittelmäßig interessiert zugehört hatte, setzte mit einem Mal eine sehr philosophische Miene auf, rückte sich seine Brille zurecht, blickte sinnend in die Luft und meinte verwundert: »Herr Abt, da fällt mir plötzlich auf, dass ich beim Chorgebet rechts von dir stehe, beim Essen jedoch links von dir sitze!« Pater Samuel kommentierte das so: »Das heißt wohl, dass du beim Beten konservativ, beim Essen dagegen liberal bist!«

Leck

Als ich noch Prior von Stift Rein war, wurde ich einmal zur Aushilfe nach Übelbach geschickt. Es ist ein klirrend kalter Sonntag. Vor der heiligen Messe soll ich noch im Beichtstuhl Dienst tun. Eine treusorgende Hand hatte mir wegen der frostigen Temperaturen noch eine Wärmflasche unter den Polster im Beichtgehäuse gelegt. Ich setze mich und beginne mit dem Beichthören. Nach einiger Zeit klopft jemand schüchtern an die Tür. Ich öffne und frage: »Jaah?« Eine Frau fragt errötend: »Pater, geht's Ihna net guat?« Da sehe ich das Malheur: Aus dem Beichtstuhl fließend, breitet sich am Kirchenboden eine Lacke aus. Ich hatte den Thermophor zersessen!

Lesewut

Pater Hermann Riedel beklagte das geringe Interesse seiner Studenten an der Bibliothek, war sich aber durchaus bewusst, dass die Heiligenkreuzer Bibliothek hauptsächlich historische Buchbestände umfasste. So entrang sich ihm der Stoßseufzer: »Jo, jo, die Bibliothek is a nix anders als a Büchermuseum!«

Lingua aurea

Während meiner Zeit als Prior in Stift Rein, wo einige Jahre zuvor das Chorgebet von Latein auf Deutsch umgestellt worden war, besprach ich dieses Faktum mit dem Diakon Pater Laurentius Preidler. Man muss wissen, dass dieser ein spätberufener Bauernsohn mit einfachster Schulbildung war, daher auch des Lateinischen nicht mächtig.

Freundlich sprach ich ihn an: »Pater Laurentius, Ihnen ist doch sicher die Umstellung von Latein auf Deutsch sehr willkommen!« Doch er widersprach mir heftig in breitem steirischen Dialekt: »Sogn S' des net, Pater Prior! Nia wieda hob i so scheene goldene Gedonken g'hobt wia beim lateinischen Chorgebet!«

Mädchenname

Als Pater Gerhard Hradil noch Katechet an der Volksschule Heiligenkreuz war, zupfte ihn einmal der Gerhard Tasch am Cingulum. »Pater Gerhard, wie hab'n denn Sie als a Lediger g'haßn?«

Ma(h)ler und Anstreicher

Pater Nivard Hradil wollte den Musikfreund Pater Michael Rustler ein wenig reizen und fragte beim Abendbrot ganz naiv: »Du, Michael, dieser Gustav Mahler, ist das net der Anstreicher aus Baden?« Darauf Pater Michael, lakonisch: »Heast, Nivard, bring ma a Mistschäuferl, dass i di außetrag!«

Maurus & Gregor, Bodyguards Inc.

Ein Marienhochamt Anfang der neunziger Jahre. Abt Gerhard Hradil zelebrierte, Pater Maurus und ich assistierten als Diakone in wunderschönen blauen Barockparamenten. Ein schöner Anblick: in der Mitte zierlich und klein Abt Gerhard, umrahmt von den beiden Assistenten, die kaum die Bandeln ihrer Dalmatiken zubinden konnten. Beim Auskleiden in der Sakristei erschien Pater Alberich Strommer und sagte kichernd: »Zwei sehr schöne Thronelefanten!«

Meins! Meins!

Der Eiskasten des Frühstücksrefektoriums wurde auch zur Lagerung höchstpersönlicher Spezialitäten benutzt. Die Mitbrüder hielten sich jedoch selten an die wahren Besitzverhältnisse und bedienten sich schamlos. Pater Leonhard Warnung war dies zunehmend ein Dorn im Auge und er versuchte auf mancherlei Weise diesem Treiben Einhalt zu gebieten, so beschriftete er unter anderem seine Lebensmittel mit »Pater Leonhard«. Da auch diese Maßnahme nicht fruchtete, griff er zum letzten Mittel und hinterließ schriftlich nur noch seinen Nachnamen: WARNUNG! Niemand hat sich seither mehr an seinem Hab und Gut vergriffen.

Midlife Crisis

Einmal saß ich mit Pater Dominicus und anderen Mitbrüdern beim Frühstück. Doch reichlich von mir selbst eingenommen sagte ich, dass ich über meine späte Berufung ganz froh sei, denn wäre ich mit 18 ins Kloster eingetreten, könnte ich mir vorstellen, dass ich dann mit 28 oder 32 Jahren am Morgen aufgewacht wäre und entsetzt ausgerufen hätte: »Was habe ich getan! Habe ich womöglich mein Leben versäumt?« Darauf Pater Dominicus mit Ruhrgebietsakzent: »Kann 'ste ma sehen, was unsereiner so jeden Vormittag mitmacht!«

Missklang

Bei einer Christmette versuchte die Heiligenkreuzer Trachtenkapelle redlich, den Einzug der Geistlichkeit zu umrahmen. Der Versuch, eine feierliche Intrada zu blasen, gelang angesichts der bitteren Kälte in der Stiftskirche nur mäßig. Als die falschen Töne endlich endeten, seufzte Frater Heribert Winter erleichtert: »Aaach, ist das schön, wenn der Schmerz nachlässt!«

P. SYMEON MACWESTER –
CHEF DER KATHOLISCHEN
„SING FEIN“

Mitleid

Wenn jemand Pater Nivard seine Leiden, Krankheiten, Wehwehchen und Symptome schilderte, fasste der sich erschrocken an den betroffenen Körperteil und stieß hervor: »I g'spür's scho!«

Mobiles Gemüse

Pater Michael Rustler kam aus dem Waldviertel, Pater Hermann Watzl aus dem Mühlviertel. Aufgrund ähnlicher geografischer Gegebenheiten ergaben sich ungeahnte Eifersüchteleien. Nach einem heftigen Duell beim »Schwarzen« (der Rekreation nach dem sonntäglichen Mittagessen) sagte Pater Michael zu Pater Hermann: »Bei eich müssen s' ja die Erdäpfel mi'm Lasso anbinden, dass net zu die Tschechen umerennen.«

Modern Times

Pater Maurus war bekannt dafür, dass er allen technischen Geräten abhold war und vice versa. Das betraf besonders Computer. Einmal traf ich ihn im Lift und auf die Frage, was er jetzt mache, antwortete Pater Maurus: »Ich fahre nach Baden und kaufe mir einen Tintenstrahldrucker.« Ich: »Das überrascht mich aber, dass du dir den kaufst …« Darauf Pater Maurus: »Ich würd's ja eher Füllfederhalter nennen, aber ich glaub', heut heißt das so …«

My home is my castle

Kurz nachdem ich ins Kloster eingetreten war, besuchte mich mein alter Freund Thomas Cornides. Bei der Führung durch das Stift kam die Rede auf die Regel des heiligen Benedikt und dass Experten bis heute unterschiedlicher Meinung seien, wie viel Wein pro Tag der Ordensvater denn erlaube – die Maßangabe »Hemina« ist nämlich heute nicht mehr bekannt. Thomas Cornides kommentierte: »Ich vermute, der heilige Benedikt wusste auch nicht genau, was eine Hemina ist, und hat das als Fantasiemaß gewählt, damit der Mönch in *jedem* Fall ein schlechtes Gewissen hat.« Wenige Tage später erhielt ich ein Dankesbillett meines Gastes. Darauf war in kitschigsten Farben ein typisch amerikanisches Einfamilienhaus abgebildet mit dem Text: »Your new home is certainly *very* special.«

Nächtliches Treiben

Pater Cassian litt schon immer an Schlafproblemen. Sei es wegen unbotmäßiger Geräuschentwicklung, sei es aufgrund elektromagnetischer Felder. Endlich hatte er ein Zimmer gefunden, das seinen hohen Ansprüchen gerecht zu werden schien. Doch – oh weh – bald musste er ein seltsames, motorisches Brummgeräusch bemerken, das ihm wiederum den Schlaf raubte. Er suchte und suchte, konnte aber die Quelle des Übels nicht orten. Also fragte er Pater Dominicus. Gemeinsam streiften sie durchs Haus, beide in langen, schwarzen Mänteln. Als sie bei Pater Nivards Zelle vorbeikamen, sprang dieser in kurzen Hosen wie »Jack out the box« aus der Tür hervor und meinte maliziös: »Oh, da sind zwei Spione in langen, schwarzen Mänteln. Ich hab nix zu verbergen, es ist alles offen, man kann alles anschaun!«

Bei dieser Expedition stellte sich heraus, dass das unliebsame Geräusch von einem Ventilator stammte, der an den Lichtschalter des Badezimmers gekoppelt war. Und genau dieses Licht brauchte Pater

Nivard als Schlummerlied. Als also eines Abends wieder die Foltertöne aus dem Oberstock erklangen, stieg Pater Cassian wild entschlossen hinauf und schaltete den Ventilator und somit auch das Licht aus. Pater Nivard bemerkte sofort diesen Eingriff in seine Schlafatmosphäre, sprintete zum Bad und stellte den Ventilator wieder an. Dies rief wiederum Pater Cassian auf den Plan, der sich nun hinter der Statue des hl. Josef versteckte, um zu sehen, wer denn seine Bemühungen jedes Mal zunichte machte. Es war also Pater Nivard. Darauf drehte Pater Cassian die Sicherungen heraus. Unglücklicherweise geschah dies alles an einem Samstagabend, an dem Pater Alberich sein wöchentliches Bad zu nehmen pflegte. So kam er also in seinem gestreiften Bademantel, bewaffnet mit Schwamm und Bürste, und bereitete sich zum erquickenden Bade. Er legte sich in die Wanne und summte Lieder aus seiner Jugendzeit, als plötzlich das Licht ausging. Er wollte aufstehen, stieß sich überall an, war vollkommen desorientiert und gelangte unter großen Mühen und Gefahren nach einiger Zeit auf sein Zimmer. Er hatte sich so furchtbar aufgeregt, dass er mehrere Schlaftabletten einnahm und des-

FRATER LOQUAX UND FRATER BLATIO STAUNTEN NICHT SCHLECHT, ALS SIE WÄHREND EINES SPÄTEN GESPRÄCHS ÜBER DIE WICHTIGKEIT DES NÄCHTLICHEN SCHWEIGENS AUF DEN LEITER IHRER FASTENEXERZITIEN TRAFEN.

halb auch den Frühchor verschlief. Ob des ungeheuren Vorkommnisses eines abwesenden Pater Alberich alarmiert, ging ich mit einigen Mitbrüdern nach den Laudes zu seiner Zelle. Wir klopften, schrien, pumperten an die Tür – nichts rührte sich. Pater Karl, immer zu radikalen Maßnahmen neigend, holte eine Axt – doch gerade, als er die Tür einschlagen wollte, erschien der Totgeglaubte im Türrahmen.

Namensänderung

Einmal brannte es auf Pater Josef Tibitanzls Zimmer. Zu seinen Mitbrüdern sagte er dann: »Ab heute ist mein Name Obrennowitsch.«

Neu-Evangelisierung

Pater Albert Urban begann die Passion zu singen, kam aber mittendrin darauf, dass er die falsche meinte. Das hörte sich dann so an: »Das Leiden unseres Herrn Jesus Christus nach Jochäus!«

Niederösterreichisch für Anfänger

Pater Cornelius Steffek war in einem altösterreichischen Offiziershaushalt aufgewachsen und sprach daher ausschließlich gewähltestes Hochdeutsch. Seine vergeblichen Versuche, sich des niederösterreichischen Dialekts zu bedienen, endeten jedes Mal mit einem Misserfolg. Verzweifelt fragte er: »Wie heißt das jetzt? Nochtkastl oder Nachtkostl?«

Einmal fuhr er mit Pater Robert Franz mit dem Bus nach Lilienfeld. Als die Araburg bei Hainfeld im Fenster sichtbar wurde, fragte er den Mitbruder: »Was ist denn das für eine Burg?«

Dieser antwortete wie üblich recht lapidar: »Araburg!«

Pater Cornelius verzweifelt: »Das hab ich mir schon gedacht, dass das *auch* eine Burg ist – aber welche?«

Noch ein unmoralisches Angebot

Pater Michael Rustler, ein großer Musikfreund, ging einmal von der Oper durch die Kärntner Straße und traf dabei auf eine Dame des leichten Gewerbes. Diese pirschte sich an ihn heran und lockte: »Schatzerl, damma was?« Kommentarlos schob Pater Michael den Schal zur Seite, machte das Collar frei und fragte: »Wollen S' leicht beichten?«

Notstand

Pater Balduin Strutzenberger ärgerte sich über die schnellen, unvermutet hereinbrechenden Bauprojekte des Bauamtsleiters Pater Franz Gaumannmüller. Und so kam es, dass sich ihm einmal folgender Stoßseufzer entrang: »Ich fürcht' schon, wenn ich das nächste Mal aufs Häusl (= WC) geh, is das bereits zug'mauert!«

Ohne Göld ka Musi

Eines Tages trat der Manager der Sängerknaben an Pater Thomas Weingartshofer mit der Bitte heran, ein Foto seiner Schützlinge für ein Plattencover im Heiligenkreuzer Hof aufnehmen zu dürfen. Der schlaue und geschäftstüchtige Pater Thomas witterte Morgenluft, wiegte das Haupt und raunte geheimnisvoll: »Na ja, das kost' scho zehn Blaue.« Schließlich war die einzige Location für das Foto, die dem Sängerknabenmanager gefiel, der Platz vor dem Portal der Prälatur. Wieder fragte er Pater Thomas, ob er einverstanden sei. Dieser erwiderte nur: »Na ja, das kost' halt noch zwei Blaue!«

Oscar

Als bekannt wurde, dass Florian Henckel von Donnersmarck für den Oscar nominiert worden war, kamen Reporter verschiedener Medien nach Heiligenkreuz, um mich, seinen Onkel, zu interviewen.

In der Aufregung begann ein Journalist sein Interview mit den Worten: »Euer Gnaden, hochwürdigster Herr Abt Oscar!«

Pâques à la Carmelitesse

Eines Tages wurde Pater Dominicus gebeten, statt Pater Wolfgang die Osterliturgie im Karmel von Mayerling zu halten. Mutter Barbara, die damalige – äußerst resolute – Priorin, teilte Pater Dominicus im Vertrauen mit, dies sei ihr sehr angenehm, denn: »Pater Wolfgang hat sich schon zweimal verirrt, als er von der Sakristei in die Kirche gehen sollte.«

Es kam zur Feier der Osternacht. Die frommen Karmelitinnen, streng klaustriert hinter den Gittern der Kapelle, blickten gespannt auf Mutter Barbara, die als Einzige vor dem Gitter Pater Dominicus assistierte. Am Beginn der Liturgie sollte das Osterfeuer gesegnet werden. Pater Dominicus blickt links, blickt rechts – nirgends ein Osterfeuer. Fragend an Mutter Barbara: »Hier ist aber nirgends ein Osterfeuer.« »Doch«, sagt sie, »machen Sie schnell, es ist bald leer«, zieht ein Feuerzeug aus der Tiefe ihrer Habittaschen, knipst es an und befiehlt: »Segnen!« Dem liturgischen Brauch ward so Genüge getan.

Perché!

Pater Cassian, der oft in italienischen Klöstern residiert, versteht sich u. a. auch als ein Botschafter in Sachen Kürbiskernöl. Wo er auch ist, preist er Geschmack, Farbe und gesundheitsfördernde Wirkung des »steirischen Goldes«. Dass er in Italien mit seinem köstlichen Olio vergine dabei selbstredend auf wenig Interesse bis Misstrauen stößt, ist logisch. So legte er wieder einmal enthusiastisch die Vorzüge des Kürbiskernöls aus, man zollte ihm geringes Interesse. Als er jedoch erwähnte: »Und es ist sehr gut für die Prostata!«, ruckten die Köpfe herum, die Münder blieben offen stehen – und er hatte die Partie für sich entschieden.

Pietät

Die Heiligenkreuzer Kleriker fuhren zu einer Urlaubswoche nach Wasserberg. Gemeinsam mit Pater Norbert Vodenka sahen sie im Schloss fern – dabei Pater Norbert jedoch immer mit der Fernbedienung in der Hand, die er sofort betätigte, wenn in der Werbung oder allgemein irgendetwas gegen die zarte Moral der jungen Mönche erschien. Da kam folgende Meldung: »Auf der Westautobahn ereignete sich ein folgenschwerer Unfall. Beim Zusammenstoß von einem vollbesetzten Autobus mit einem Viehtransporter kamen 25 … (Pater Norbert reibt schon auf zum Segen für die Verstorbenen) … Schweine ums Leben.« Pater Norbert ließ die Hand wieder sinken.

Pimperlorden

Pater Petrus, Pater Stephan und Pater Sighard saßen nach dem Abendessen im Rondeau im Klerikatsgarten, auch »Affenzirkus« genannt. Pater Ludwig Schenker gesellte sich dazu. Gesprächsthema war die Erstellung eines neuen Breviers für die Zisterzienser.

Pater Sighard: »Die wer'n doch net wegen unserem Pimperlorden ein neues Brevier drucken!«

Pater Ludwig fuhr wie von der Tarantel gestochen auf: »Pimperlorden? (nach Luft schnappend, dann schnaubend) Pimperlorden? Ich bin doch nicht in einen Pimperlorden eingetreten, sondern in einen Orden, vor dem ich einen ungeheuren Respekt habe!!«

Sprach's, sprang auf, warf sich die Kukulle wie ein Flagellant um den Leib und verschwand kopfschüttelnd.

Platznot

Pater Thomas Weingartshofer vergab als Hofmeister auch die Parkplätze im Heiligenkreuzer Hof, die ob ihrer zentralen Lage gern gemietet wurden. Eines Tages meinte er besorgt zu einem Mitbruder: »Waßt, wann die alle gleichzeitig kammaten, war ma anahalb Mal voll.«

Politik

Im Jahr 1988 wurde auch in Stift Rein, in dem ich damals Prior war, das Gedenkjahr »50 Jahre Sudetenkrise« begangen. Im Refektorium saßen Pater Udalrich Klaschka als Tscheche und Pater Maurus Sonnberger als Deutsch-Böhme einander gegen-

IN DEN ANDEREN KLÖSTERN DES ZISTERZIENSERORDENS WAR MAN SICH EINIG: MIT IHREN NEUEN FRÜHSTÜCKSFLOCKEN (MIT SPRÜCHEN DES HL. BERNHARD) HATTEN DIE MÖNCHE VON L'ATTRAPPE DEN BODEN DES GUTEN GESCHMACKS ENDGÜLTIG VERLASSEN.

über, beide Professe von Hohenfurt. Als Pater Udalrich spitz zu Pater Maurus sagte »… und du hast damals auch gejubelt!«, erwiderte Pater Maurus: »Und du hast mein Gepäck gefilzt, als wir 1946 vertrieben wurden.« So wirkt sich die Tragik der Politik auch nach 50 Jahren noch auf die Beziehung unter Mitbrüdern aus.

Praxis

In den frühen siebziger Jahren gab es nur wenige Hörer an der Hochschule, selten waren mehr als vier Studenten bei den Vorlesungen, die meist auf den Zimmern der lehrenden Mitbrüder stattfanden. Pater Beda saß in der Vorlesung des Pastoraltheologen Professor Lentner, der über die Taufe sprach. Pater Beda wurde es fad und er begann, wie ein Baby zu weinen und zu quengeln. Der Professor mahnte ihn: »Jetzt hör doch endlich auf!« Darauf Pater Beda entrüstet: »Aber das gehört doch zu einer Taufe dazu!«

Raucherbein

Pater Udalrich Klaschka, vor der Vertreibung Profess von Hohenfurt, verbrachte seinen Lebensabend in Rein. Weil er starker Raucher war, erkrankte er an einem Raucherbein, das ihm schließlich amputiert werden musste. Darauf ertüchtigte er seine Armmuskeln mit Hanteln, damit er sich auf Krücken bewegen konnte. Doch er rauchte munter weiter. Unweigerlich musste ihm auch das zweite Bein abgenommen werden. Trockener Kommentar Pater Udalrichs: »Jetzt braucht's nur mehr einen Kindersarg für mich.«

Recycling

In meiner Zeit als Nationaldirektor bei Missio war ich oft eingeladen, zu den Themenkreisen Mission, Entwicklung, katholische Soziallehre zu referieren. Zufällig ergab es sich, dass ich bei Veranstaltungen immer wieder auf Erhard Busek traf, damals Regierungsbeauftragter für die Osterweiterung der EU.

Wir sind seit unserer Jugend befreundet, da wir beide in der KMJ tätig waren. Als wir uns nun innerhalb kürzester Zeit zum x-ten Mal trafen, kam Busek lachend auf mich zu und fragte süffisant: »Sag mal, lieber Ulli, unter welchem Titel sprichst du denn heute zum selben Thema?«

Reisefieber

Pater Adalbert Diehl war der Tischnachbar von Pater Petrus im Refektorium. Bei der Tischlesung aus der *Kathpress* wurde immer wieder vermeldet, auf welcher Reise sich Papst Johannes Paul II. gerade befand. Pater Adalbert, dem dies ein Dorn im Auge war, platzte eines Tages der Kragen und er bemerkte spitz: »Der soll nicht so viel in der Welt herumreisen, der soll was arbeiten!«

Sauberer Gesang

Als ich zum ersten Mal den Part Jesu in der Johannespassion singen sollte, bereitete ich mich sehr gründlich darauf vor. Daher konnte Pater Johannes Jillek den Mitbrüdern lächelnd verkünden: »Die Passion wird heuer sehr schön werden. Ich habe Frater Gregor schon vom Gang aus unter der Dusche gehört.«

SCH

Pater Alban Bunse pflegte statt Drogen immer »Drooschen« zu sagen, Pater Nivard statt Gemüse »Schemüsee«.

Schwarz-Weiß

Ein Zisterzienser im Habit überquert sehr unvorsichtig eine befahrene Straße, sodass mehrere Autos quietschend bremsen müssen und es fast zu einem Auffahrunfall kommt. Mit Schrecken auf der anderen Straßenseite angekommen, sieht sich der Mönch plötzlich einem »Auge des Gesetzes« gegenüber, das ihm schmunzelnd droht: »Hochwürden, Sie sollten schon a bisserl mehr aufpassen – Sie wandelnder Zebrastreifen, Sie!«

Sehr knusprig

Im Generalatshaus in Rom hatte Pater Sebastiano Pacciola Tischdienst und servierte Gans – die jedoch sehr resch gebraten war, sprich: schon leicht angekokelt an den Extremitäten. Verkohlte Flügerl und Haxerl ragten über den Tellerrand. Die kommentierte er mit den Worten: »Saluti del Jurassic Park!«

Senioratsprinzip

Einer der Stehsätze von Pater Hermann Watzl, den er in Anwendung brachte, wenn ihm alle anderen Argumente ausgegangen waren, lautete: »I bin scho länger do!«

Wenn er etwas erfuhr, das seiner Meinung nach nicht zum klösterlichen Leben passte, mahnte er: »Dafür sind wir nicht gegründet!«

Sooo klein

Pater Beda zu Pater Petrus: »Jetzt war ich bei dir in Pfaffstätten aushelfen, aber deine Kirche ist ja so klein. Wenn ich sage: ›Der Herr sei mit euch, und dabei die Arme ausbreite, bin ich ja gleich hinten an der Tür!‹«

So was kommt in den besten Familien vor

Wenn Pater Hermann Riedel in der Dogmatikvorlesung auf Martin Luther zu sprechen kam, erwähnte er bisweilen auch, dass dieser die Zisterziensernonne Katharina von Bora geheiratet hatte. Sein Kommentar dazu war dann immer: »Jo, mir Zisterzienser san jo mit'm Luther verschwägert!«

Spare in der Zeit

Zu Pater Dominicus kam einmal Herr Fenzel auf Besuch. Als Ersterer Letzteren bei der Pforte abholen wollte, fand er einen völlig perplexen Mann vor, der ihm Folgendes berichtete: »Während ich da auf Sie wartete, kam ein älterer kleiner Pater in die Pforte, überreichte dem Pförtner schweigend ein frisches Papiertaschentuch, wandte sich dann zu mir und gab mir auch eines mit den Worten: ›Besser man hat eins, als man hat keins!‹ Darauf verschwand er wieder.« Herr Fenzel war jetzt nicht mehr von der Normalität des Klosterlebens überzeugt …

Sparhausundhofmeister

Pater Thomas Weingartshofer sorgte sich als Kämmerer um die Finanzen des Stiftes und suchte, wo er nur konnte, Einsparungen zu erreichen. War ein Mitbruder gestorben, ließ er von den Hosenbeinen einen schmalen Streifen abschneiden, der dann bei der Aufbahrung unter dem Habit herausschaute. Es wäre ja viel zu schade gewesen, eine gute Hose verrotten zu lassen.

Steigerungsformen

Pater Hermann Riedel wollte eigentlich gerne Kirchengeschichte studieren. Doch wollten das viele der Mönche in Zwettl und so wurde er nach mannigfaltigen Intrigen von seinem Abt dazu verdonnert, Dogmatik zu wählen. Noch in späteren Jahren war er, trotz Begeisterung über seine Dogmatik, über das unfaire Verhalten seiner Mitbrüder erbost, was er in diesen Worten zum Ausdruck brachte: »Homo homini lupus. Sacerdos sacerdoti lupior. Monachus monacho lupissimus!«

Strichcode

Pater Guido Grünberg erzählte uns von Professor Semrads Frau, die langsam erblindete und bei einem Besuch in Heiligenkreuz nur mehr hell–dunkel unterscheiden konnte. Wenn sie Pater Raynald und Pater Guido vor sich hatte, sah sie bei einem einen dünnen schwarzen Strich in der Mitte, knapp gefolgt von Weiß – bei Pater Guido jedoch weit auseinandergezogenes Schwarz und dann erst Weiß. So erkannte sie den höchst unterschiedlichen

Körperumfang der beiden und nannte sie »die sieben fetten und die sieben mageren Jahre«.

Stufen der Meditation

Pater Gerhard lag mit einer schweren Grippe im Bett und versuchte die Symptome mit dem berühmten Steffi-Schnaps (70-prozentiger Slibowitz vom Füllenberg) zu bekämpfen. Dazu las er ein Buch von Karl Rahner. Bei einem Besuch fragt ihn Pater Petrus Hübner: »Pater Gerhard, was liest du denn da?« Pater Gerhard, mit zunehmend schwerer Zunge: »Aan Goal Raahna.« Das führte später bei Pater Petrus, aber auch bei anderen eingeweihten Mitbrüdern zu folgender alkoholischer Rangliste: 1 Karl Rahner = ein Schwipserl; 1 Hugo Rahner = ein Rausch; 1 Sudbrack = nahezu Alkoholvergiftung.

Syrisch! Wichtig!

Einmal kam der syrische Patriarch von Antiochien nach Heiligenkreuz. Pater Severin Grill, Professor für Altes Testament, Hebräisch und Altsyrisch, der sehr darunter litt, dass er sich mit niemandem auf Syrisch unterhalten konnte, packte die Gelegenheit energisch beim Schopf und sprach den Patriarchen auf Altsyrisch an – doch dieser verstand kein Wort.

Ebenfalls von Pater Severin wird folgendes Diktum überliefert: »Wenn ich mich so um halb drei [morgens!] an den Schreibtisch setze und Ephrem den Syrer aufschlage, dann kommt der Herr zu mir!«

Ein weiterer Ausspruch: »Syrisch ist das tägliche Brot des Landpfarrers!«

Tanz ums Kreuz

Pater Josef Tibitanzl hatte an seiner Zimmertür ein Namensschild, lautend auf »Tibitanzl«. An einem Aschermittwoch strich Pater Benedikt Kreuzwieser das »Tanzl« durch – wegen der Fastenzeit. Am Passionssonntag ging Pater Josef daraufhin zu Pater Benedikts Tür und malte über das »Kreuz« ein violettes Karo.

Tatschkerl und Schmatzkerl

Pater Emmerich pflegte sommers und winters zur »unchristlichen« Zeit – nämlich um fünf Uhr früh – seine Messe zu lesen. Wenn die Ministranten bis zum Ende auch tatsächlich durchgehalten und dann noch beim Ablegen der Gewänder geholfen hatten, belohnte er sie mit einer Gutschrift für ein »Tatschkerl« (eine Kokoskuppel), abzuholen und einzulösen beim Wirt des Stiftsgasthauses, damals Herrn Sperl. Wenn dann die Buben zu Herrn Sperl kamen, meinte er gutmütig: »I gib dir das Tatschkerl, Geld krieg i eh kans dafür!«

Tausendundeine Nacht

Ende der siebziger Jahre wohnte in Heiligenkreuz eine Zeit lang der orthodoxe Mönch Photius. Er schenkte dem Kloster penetrant süßlich duftenden Rosenweihrauch. Diesen beeilte man sich, im Konventamt zur Anwendung zu bringen – nicht sparsam, besonders für die Verhältnisse der kleinen Bernhardikapelle. Als Pater Adalbert Diehl zum folgenden Mittagschor sein Stallum eingenommen hatte, roch er den »Braten« bereits, schnüffelte ein wenig und meinte: »Hier stinkt's ja wie im Puff von Bagdad.« Leider ist nicht bekannt, woher er gewusst hat, wie es dort riecht.

Tischgespräche

Nach einem großen Konventausflug zur Kuenringer-Ausstellung nach Zwettl im Jahr 1981, an dem auch einige Professoren der Hochschule teilnahmen, saß man am späten Abend am Frühstückstisch im großen Refektorium beisammen. Pater Nivard wollte dem schwerhörigen Professor Lentner etwas mitteilen, dieser verstand ihn jedoch nicht und so wurde Pater Nivard immer lauter. Pater Cornelius Steffek, ebenfalls halb taub, rief Pater Nivard zu: »Nivard, schrei doch nicht so, es ist doch stockfinstre Nacht!« Pater Nivard erwiderte: »Wenn ich nicht so laut red', versteht er mich aber net.« Darauf Pater Cornelius kopfschüttelnd: »Bevor du so mit mir schreist, versteh ich lieber überhaupt nichts!«

Beim Frühstück an selbigem Tisch war bekannt, dass Pater Leonhard Warnung häufig und gerne das große Wort führte. Oftmals hatte er schon die Geschichte der Wiedererrichtung des Sägewerks nach 1945 zum Besten gegeben. Seine langen Erzählungen aus dem Zweiten Weltkrieg hatten dazu geführt, dass bei einer Faschingsfeier folgende Radiomeldung fingiert wurde: »General Warnung kämpft immer noch vor Stalingrad!«

Wieder einmal verließ Pater Leonhard den Tisch nach einem langen Wortschwall. Als er weg war, säuselte der halbblinde Pater Alberich Phillip Klein, mit großer Nase über seine Kaffeetasse gebeugt: »… und nun kehrt also die groooße Stille ein …«

Übrigens …

Am 7. März 2007 wurde ich zum Mittagessen in die Nuntiatur gebeten. Außer mir waren nur Nuntius Farhat und Nuntiaturrat Feulner anwesend. Ich hatte damals schon fast die Hoffnung begraben, dass meine Einladung an den Papst, im Zuge seiner Österreich-Reise auch Heiligenkreuz zu besuchen, Aussicht auf Erfolg haben könnte. Der Nuntius empfing mich in legerer Kleidung und sagte gleich zu Beginn, dass er noch während des Essens zu einem Arztbesuch werde aufbrechen müssen. Die Konversation plätscherte milde dahin, von Belanglosigkeit zu Belanglosigkeit. Ich wunderte mich immer mehr, was denn der Anlass meines Besuches sein könnte. Es kam die Suppe, es kam die Vorspeise, es kam das Hauptgericht – noch immer plätscherte das Gespräch dahin. Vor der Nachspeise erhob sich der Nuntius hastig und wollte sich zum Arzt aufmachen. Geistesgegenwärtig schaltete sich Dr. Feulner ein: »Herr Nuntius, Sie wollten doch dem Herrn Abt etwas mitteilen?!« Darauf der Nuntius lapidar und mit Pokerface: »Ach ja … na ja …

der Papst kommt zu Ihnen nach Heiligenkreuz.« Sprach's und enteilte. Er ließ mich sprachlos, aber erfüllt von tiefer Freude und Dankbarkeit zurück.

Understatement

Am 15. März 1988 kam Mutter Teresa von Kalkutta nach Heiligenkreuz. Einige Tausend Menschen, vor allem Jugendliche, waren zu diesem Anlass gekommen und füllten Kirche und Stiftshöfe. Pater Karl hatte die Aufgabe, Mutter Teresa in die Kirche zu führen und sagte nebenbei: »Today is the day of Saint Clemens Maria Hofbauer, patron of the city of Vienna.« Darauf antwortete Mutter Teresa: »Now I understand: that's the reason why such a crowd of people is here!«

Unsauberer Gesang

Am Ende eines Konventamtes sollte ein sehr unmusikalischer Mitbruder das *Ite missa est* anstimmen. Er setzte an, doch es kam nur ein kicksendes

»I-i-i-ü« aus seiner Kehle, was stark an das Geschrei eines Esels erinnerte. Mitten in diese Performance hinein rief Pater Hermann Watzl ungeduldig, aber bestimmt aus dem Chorgestühl: »Schluss jetzt!«

Unschicklich

Pater Hermann Watzl war Kaplan in Grub und Frau Sneditz, damals noch unverheiratet, spielte die Orgel. Nach Ende der Messe machten sie sich gemeinsam auf den Rückweg nach Heiligenkreuz, bis Pater Hermann das Skandalon bewusst wurde, er stehen blieb und sagte: »Also Fräulein Macher, das schickt sich nicht, dass ein Priester mit einer Frau auf der Straße geht. Sie gehen unten auf der alten Straße und ich bleib da heroben!« Sprach's und ging seines Weges.

Unzulässige Einmischung

Wie Pater Hermann Watzl erzählte, war Pater Alphons Lindenmayer von Kremsmünster eine sehr originelle Person und nicht mehr ganz jung. Einmal saß ein Mitbruder neben ihm, der aus einer Pfarre hinzugekommen war. Folgender Dialog entspann sich:

Mitbruder: »Na, Pater Alphons, wie geht's da denn?«

Pater Alphons: »Mir geht's schlecht!«

Mitbruder: »Geh, warum geht's da denn schlecht?«

Pater Alphons: »Dreinreden tan s' ma!«

Mitbruder: »Ja, wer red't dir denn drein?«

Pater Alphons (auf das Tischhaupt weisend): »Na der Prölat da oben!«

Mitbruder: »Ja, was sagt er denn, der Herr Prölat?«

Pater Alphons: »Alphons, sauf net so vül!«

Urlaub?

An einem heißen Sommernachmittag begegnete Pater Dominicus Pater Ludwig Schenker am Konventgang. Pater Ludwig hatte schon vergeblich an die Türen mehrerer Mitbrüder geklopft, doch keiner war da. Er fragte Pater Dominicus: »Können Sie mir sagen, wo alle meine Mitbrüder sind?« Pater Dominicus: »Nun, ich glaube, auf Urlaub.« Darauf Pater Ludwig (mit starker Empörung): »Im Urlaub? Ich bin doch nicht ins Kloster gegangen, um Urlaub zu machen! Meine Prokuristen bei Schenker haben Urlaub gemacht, aber doch kein Mönch!«

Verdächtige Stille

Nach der klösterlichen Reform durch Abt Karl Braunstorfer am Beginn seiner Amtszeit war auch beim Frühstück das Silentium eingeführt worden. Anfangs hielten sich die Mitbrüder auch brav daran, allmählich weichte die Disziplin aber ein wenig auf. Nur wenn Abt Karl sich näherte – man erkannte ihn schon von Weitem am Schritt –, kehrte wieder Stille ein.

Eines Tages war Pater Cornelius Steffek von seiner Pfarre ausnahmsweise schon zum Frühstück ins Stift gekommen. Es entwickelte sich eine lebhafte mitbrüderliche Konversation. Als Abt Karl eintrat, verstummten die Mitbrüder schlagartig. Pater Cornelius, der die Hintergründe nicht kannte, schüttelte empört den Kopf und sagte laut: »Ja, warum redet denn plötzlich keiner mehr mit mir? Es war doch gerade so eine nette Konversation! Sehr merkwürdig!« Abt Karl neigte still den Kopf, setzte sich zu Tisch und lächelte fein.

Verfremdungen im Chorgebet

Zu Dreikönig wird eine Antiphon vom Kantor angestimmt, die beginnt: »Ma-a-agi venerunt …« Ein Mitbruder sagte darauf einmal: »Jetzt gebt's ihm doch endlich das Maggiflascherl!«

Ebenfalls zu Dreikönig: Pater Nivard singt: »Dona adducent …« Daher weiß er auch genau, wie viele Geschenke es waren: A Dutzend!

Verirrt

Einmal hielt Pater Josef Tibitanzl die heilige Messe in Maria Kirchbüchel. Zur Predigt wollte er auf die Kanzel steigen, fand jedoch nicht die richtige Treppe und nahm jene Abzweigung, die zum Oratorium führt. Dort angekommen, sah er aus dem Fenster auf die Kirchengemeinde hinab, winkte und rief: »Ich komme gleich!«

Very british

Ende der siebziger Jahre wohnte in Alland ein pensionierter Offizier der britischen Luftwaffe, Colonel Robertson. Von Zeit zu Zeit nahm er an der Vesper in Heiligenkreuz teil. Eines Tages brachte er einen jungen Mann mit, der im echten Schottenkilt in der Bernhardikapelle Platz nahm. Nur mit Mühe konnte die Vesper beginnen, weil die jungen Mitbrüder sich gegenseitig auf die ungewöhnliche Erscheinung aufmerksam machten und wegen des darauf folgenden Gekichers kaum Luft zum Singen hatten. Ich kannte den Colonel und wartete daher nach der Vesper auf ihn. Nachdem wir uns vorgestellt hatten, fragte ich seinen jungen Gast weltläufig: »Oh, you are from Scotland?« Worauf dieser mit feinem Lächeln antwortete: »You are completely right, but how do you know?«

Vidi-Wall

Die Produktion einer CD mit gregorianischem Choral aus Heiligenkreuz bewirkte im Jahre 2008 einen außerordentlichen Medienrummel. So kam es, dass zwischen den Kirchenbänken und dem Chorgestühl fast ein Dutzend Fernsehkameras samt Bedienungspersonal stand, um das Chorgebet aufzunehmen. Ein Priester aus Neuss in Deutschland kommentierte das so: »Da war ja ein regelrechter Lettner aus TV-Kameras aufgebaut!«

Was ist ein Sportwagen?

Pater Ludwig Schenker mit den Anzeichen höchster Empörung: »Stellen Sie sich vor, gestern morgen kommt da ein junger Mann zu mir und sagt, er fährt einen Sportwagen. Na, ich kenne nichts Unsportlicheres als ein Automobil! Später lud er mich ein, doch einzusteigen – da merkte ich, was ein Sportwagen ist: Man kann weder ein- noch aussteigen!«

Was wünschen der Herr?

Universitätsdozent Pater Augustinus hatte wenig Gemeinsamkeiten mit dem recht simplen Pater Leonhard Warnung, der im Refektorium oft sein Tischnachbar war. Diese Tatsache besprach er einmal mit mir und meinte nasal: »Leider kann ich ja net wie der Hans Moser sagen: Herr Ober, bitte an ander'n Gast!«

Wegen Berufung geschlossen

Als ich mich endgültig entschloss, meinem Job bei der Firma Schenker in Spanien den Rücken zu kehren, um ins Kloster einzutreten, meinte der österreichische Handelsdelegierte, nun müsse man bei Schenker España ein Schild an die Tür hängen, das die gewöhnliche Auskunft »Cerrado por vacaciones« (»Wegen Urlaub geschlossen«) entsprechend variiert und folgendermaßen lauten müsse: »Cerrado por v**o**caciones« (»Wegen Berufung geschlossen«).

Wer soll das bezahlen …?

Pater Petrus war Pfarrer von Pfaffstätten geworden, wusste aber noch nicht, wie das mit dem Wirtschaften so geht. Also wandte er sich Hilfe suchend und vertrauensvoll an Pater Adalbert Diehl, den Kämmerer, der ihm riet: »Fahr halt mit deiner Haushälterin zum Krawany nach Mödling und such' dir Geschirr und Besteck aus.« Frohgemut ob dieses »Persilscheins« fuhren sie nach Mödling und suchten sich dort um gutes Geld die Utensilien für

SCHENKER
ESPANA
cerrado por vacaciones
cerrado por vocaciones
MALLORCA
MONASTERIO

den pfarrlichen Haushalt aus. Immer erhielten sie alles auf Lieferschein des Stiftes. Der Ankauf eines Bowle-Sets mit Krug, Glasschöpfer und Gläsern überspannte jedoch den Bogen von Pater Adalberts Großzügigkeit und er sagte nur lakonisch: »Jetzt ist aber Schluss mit Lieferschein!«

Wer spricht?

Pater Beda versuchte Abt Karl Braunstorfer telefonisch zu erreichen. Der Diener nahm ab und sagte: »Der Herr Abt ist nicht da!« Er probierte es ein zweites Mal, wieder war die Auskunft: »Nein, der Herr Abt ist nicht da.« Als Pater Beda beim dritten Mal dieselbe Antwort erhielt, rief er ungeduldig aus: »Ja, wo ist denn der alte Dodl?« Darauf meldete sich eine leise Stimme: »Hier ist der alte Dodl!« Abt Karl war schließlich doch noch eingetroffen. Nach diesem Ereignis sprach Abt Karl dann oft von sich selbst gern als »der alte Dodl«.

Westfälische Verwunderung

Pater Adalbert Diehls Ausruf im Fall größter Verwunderung: »Ach, du kriegst die Tür nich' zu!«

Wo lassen stehlen?

Als Pfarrer von Heiligenkreuz schaffte Pater Alberich eine »Fuhr« Gotteslob an. Innerhalb von vier Monaten waren sie alle verschwunden. Pater Alberich kaufte eine zweite »Fuhr« und machte einen schönen Stempel in jedes Exemplar: »Gründung des heiligen Leopold. Eigentum der Pfarre Heiligenkreuz.« Nach zwei Monaten waren sie wieder weg. Nun schritt er zu härteren Maßnahmen und ließ in die dritte »Fuhre« Folgendes stempeln: »Gestohlen in der Stiftskirche zu Heiligenkreuz«. Nach nur zehn Tagen waren sie weg.

Zeit und Ewigkeit

Pater Paulus Niemetz war zeitlebens sehr musikalisch und betreute daher auch das Musikarchiv. Um das Jahr 1980 kam der Münchner Musikwissenschaftler Professor Konrad Ruhland mit seinem kleinen Chor, den »Niederaltaicher Scholaren«, für Proben und musikhistorische Forschungen nach Heiligenkreuz. Eines Nachmittags führte Pater Paulus den Professor und seinen Chor in die Handschriftensammlung, um ihnen alte Codices mit Neumen und alten Notenschriften zu zeigen. Schließlich wurde ein Codex aufgeschlagen mit musikgeschichtlich hochinteressanten Tropen zum Kyrie. (Tropen sind ganz frühe polyphone Kompositionen, die in der späteren Entwicklung der polyphonen Musik verdrängt und vergessen wurden.) Professor Ruhland stellte seine Sänger auf, nahm den Ton von der Stimmgabel und sie stimmten diese zarten mehrstimmigen Gesänge aus dem Mittelalter an. Es klang wunderschön. Als sich Prof. Ruhland nun zu Pater Paulus umwandte, sah er diesen tränenüberströmt dasitzen. Ruhland fragte besorgt:

»Aber Pater Paulus, was ist denn los?« Worauf dieser gegen die Rührung ankämpfend hervorstieß: »Ach, Herr Professor, verstehen Sie bitte, ich habe diese Musik doch fast 500 Jahre nicht mehr gehört!«

Zu den Waffen!

Pater Wolfgang diente bei der Bundeswehr, schwebte jedoch bereits damals in höheren Sphären. Bei einer Waffenübung wurde er vom Oberen aufgerufen: »Schütze Buchmüller!« Langsam und verträumt schwenkte Pater Wolfgang das Gewehr herum, bis es auf selbigen Oberen gerichtet war, der sofort in »volle Deckung« ging.

Zu früh gefreut

Pater Dominicus war zur Messaushilfe in Sulz. Dort war noch nicht bekannt, dass er etwas länger – bis zu 45 Minuten – zu predigen pflegte. Bei der Predigt kam es nach etwa 20 Minuten zu einer

Formulierung, die offenbar den krönenden Höhepunkt des Gedankenflusses darstellte. Die Gemeinde sagte spontan und unisono: »Amen!« Der Prediger schüttelte den Kopf, winkte ab und setzte fort: »Zweitens …«

Zweite Wahl

Generalabt Sieghard Kleiner berichtete einmal von einer Wahl der Äbtissin in einem Nonnenkloster. Bereits nach wenigen Wahlgängen war eine Schwester zur Äbtissin gewählt worden. Als der Generalabt als Wahlvorsitzender sie fragte, ob sie denn die Wahl annähme, erwiderte sie, dass sie wohl nicht annehmen könne, weil sie für so ein hohes Amt nicht würdig genug sei und auch der notwendigen Fähigkeiten ermangle. Daraufhin Sieghard Kleiner: »Sehr schade, da müssen wir wohl zu einer weiteren Wahl schreiten!« Erschrocken rief die Schwester aus: »Nein, ich nehme die Wahl natürlich an, aber man wird ja wohl noch einen Akt der Demut setzen dürfen!«

Glossar

Abt

Von hebr. *abba*, Vater. In monastischen Ordenshäusern wie denen der Benediktiner oder Zisterzienser Vorsteher der Klostergemeinschaft. Nach der Regel des hl. Benedikt übernimmt der Abt im Kloster stellvertretend die Rolle Christi, der Mensch geworden ist, um den himmlischen Vater in seiner Güte sichtbar zu machen. Ein angefochtener Posten, wird doch ein heutiger Abt ständig von zeitgefräßigen Terminkalendermonstern attackiert.

Antiphon

»Antiphon« ist kein Medikament gegen Ohrensausen, sondern ein gesungener Vers, der im Chorgebet der Mönche einen Psalm gleichsam »einrahmt« und auch in ein besonderes Licht stellt. Die Antiphon (Gegengesang) wird nämlich vor einem Psalm gesungen und nach dem Psalm wiederholt und ist daher sehr einprägsam. Meistens handelt es sich um markante Sätze aus der Heiligen Schrift, die mit wunderbaren Melodien regelrecht gefeiert werden.

Benedikt von Nursia

Einer der ganz großen Mönchsväter Europas. Aus der Weisheit der ägyptischen Wüstenmönche und aus tiefer Einsicht in die Heilige Schrift heraus entwickelte er eine kluge und ausgewogene Lebensregel für Mönche. Diese üben schon seit 1500 Jahren, sie zu halten und schaffen es noch immer nicht, obwohl die Regel für Anfänger geschrieben ist. Immerhin ein guter Grund für ein bisschen Demut!

Benediktionale

Als »Buch des Segens« ist das Benediktionale ein liturgisches Buch in der katholischen Kirche. Gesegnet werden nicht nur Menschen, sondern auch Gegenstände, und nicht nur Rosenkränze, sondern auch Autos oder öffentliche Gebäude. Wir dürfen ja unser ganzes menschliches Leben der lebensspendenden Güte des himmlischen Vaters anvertrauen. Ein offensichtlicher Mangel im Benediktionale ist allerdings das auffällige Fehlen eines entsprechenden Segens für äbtliche Anekdotenbücher.

Bilokation

Gabe, die es manchen Heiligen ermöglichte, an zwei Orten gleichzeitig körperlich anwesend zu sein, um in Not befindlichen Personen ohne Verzögerung helfen zu können. Die »Billakation« ist erst seit kurzer Zeit bekannt, gehört aber nicht zu den Phänomenen der Heiligkeit.

Chrisam

Bei Taufe, Firmung oder bei Weihen wird in der Kirche Chrisam, Salböl, verwendet. Das Wort erinnert dabei auch an Christus, den Gesalbten. Beim Chrisam handelt es sich um Olivenöl, dem wohlriechender Balsam beigemengt wird, damit auch sinnenfällig wird, was es liturgisch bezeichnet: die lebensspendende Kraft und den Wohlgeruch des Evangeliums, den die Christen, die Gesalbten, von nun an verbreiten sollen.

Cingulum

Bei den alten Römern hing am Cingulum der Gladius, also am Gürtel das Schwert. Mönche oder Nonnen tragen ein Cingulum um den Habit, und das Schwert, das geistlich daran hängt, ist die gelobte Keuschheit, die erst wirklich die Feinheit echter Zärtlichkeit ermöglicht, die wir im geistlichen Stand alleine von Gott selbst erwarten. Ein alter Schüttelreim gibt über den unbedingt wissenswerten Unterschied zwischen Penicillin und Cingulum Auskunft: Penicillin ist ein Heilserum – der Mönch dagegen hat ein Seil herum.

Dalmatik
Nein, Sie täuschen sich nicht: Die Dalmatik stammt aus Dalmatien und heißt deshalb so, wie sie heißt. In der Liturgie der Kirche ist sie seit dem 4. Jahrhundert die Amtskleidung des Diakons.

Eschatologisch
Die sogenannten »letzten Dinge« betreffend: Gericht, Himmel, Hölle, Fegefeuer. Unheimlich spannende Themen, die sich die Kirche oft durch den starken gesellschaftlichen Gegenwind nicht mehr deutlich zu verkündigen zutraut, weshalb sich Drehbuchautoren, Kinofilmer und andere Sensationalisten umso lieber darauf stürzen und davon triviale Plagiate anfertigen.

Exorzist
Kranke heilen, Dämonen austreiben, das Evangelium verkünden. Diesen knappen und unmissverständlichen Grundauftrag erteilt Jesus seinen Jüngern. Ein »Exorzist« ist beauftragt, den Dämonen »die Leviten zu lesen«, sie also mit dem Wort und Gesetz Gottes zu konfrontieren und so zu vertreiben. Damit tut man sich heute oft schwer, denn, so heißt es, unser Weltbild habe sich versachlicht. Vielleicht hat es sich nur verkürzt und wir bräuchten sogar mehr gute, heilige »Ghostbusters«?

Frater

Bevor man in Heiligenkreuz ein »Pater« (lat. für Vater) wird, ist man bis zur Feierlichen Profess »Frater« (lat. für Bruder). Mit der Profess hat die Brüderlichkeit ein Ende und man wird gleich zum Pater »befördert«. So half man sich im Titelland Österreich über eine soziale Frage hinweg, hatte man doch in früheren Zeiten beschlossen, auch die Mönche, die keine Priester waren, aus Gründen der Gleichheit mit »Pater« zu titulieren. So gesehen schlägt die Brüderlichkeit mit der Profess erst richtig zu!

Großkanzler

An kirchlichen Hochschulen im deutschsprachigen Raum ist der »Großkanzler« der oberste formale Repräsentant und unmittelbarer Ansprechpartner des Papstes. Kurz: Er hat also nichts zu sagen, aber alles zu gestehen! In Heiligenkreuz muss der Abt auch noch das Gewicht dieses Titels schleppen.

Gyrovagen

In seiner Regel beschreibt der hl. Benedikt auch Verfallsformen des Mönchtums, zum Beispiel die »Gyrovagen«: »Die vierte Art der Mönche sind die sogenannten Gyrovagen. Ihr Leben lang ziehen sie landauf, landab und lassen sich für drei oder vier Tage in verschiedenen Klöstern beherbergen. Immer unterwegs, nie beständig, sind sie Sklaven der Launen ihres Eigenwillens und der Gelüste ihres Gaumens.«

Habit

Da sind wir heikel: Wir tragen keine »Kutte«! Unser Ordensgewand heißt »Habit« und das hat einen tiefen Sinn: Das lateinische Wort *habitus* bedeutet Gewohnheit, und unser Habit ist unsere Erinnerung daran, dass wir den »alten Menschen« von vor der Taufe mit seinen schlechten Angewohnheiten ablegen und die guten Angewohnheiten des Evangeliums anlegen dürfen. Das ist ein Lebensprogramm, denn »old habits die hard« – was auch daran liegen könnte, dass unsere Schneiderei so hochqualitative, langlebige Stoffe verwendet.

Hauptökonom

Der Mitbruder, der die Finanzen des Stiftes kontrolliert, soll sich nicht nur wirtschaftlich top auskennen, sondern auch in der Tierwelt bewandert sein, muss er doch mit Pleitegeiern, Finanzhaien und jeder Menge kleiner Fische zurande kommen.

Hofmeister

Man könnte in ihm entweder den Chef des Bauernhofs oder den Verbindungsmann zum Fürstenhof vermuten – und läge dabei falsch, obwohl beides historisch nicht ganz abwegig ist, denn es handelt sich um den Verwalter des Heiligenkreuzer Hofes in Wien, des alten Wirtschaftshofes des Klosters, heute als Wohnhaus verwendet.

Illuminator

In Wien gilt als »illuminiert«, wer deutlich ein paar Vierterl zu viel konsumiert hat. Deshalb muss man den Begriff hier erklären, damit man nicht meint, »Illuminator« sei vielleicht die altehrwürdige Bezeichnung eines Heurigenbesitzers. Es handelt sich vielmehr um einen Mönch, der Bücher kunstvoll illustriert. Dem Zeichner der Cartoons in diesem Buch wurde der Begriff vom Herrn Abt persönlich zugedacht.

Invidia clericalis

Etwas, das es häufig gibt, obwohl es das gar nicht geben dürfte: Neid unter Geistlichen. Dass der Mensch des Menschen Wolf ist, ist bekannt, aber es gibt Steigerungen, wie auch eine Anekdote berichtet: »Homo homini lupus. Sacerdos sacerdoti lupior. Monachus monacho lupissimus!«

Kämmerer
Nicht der Friseur des Klosters, sondern der Mitbruder, der sich um die äußeren Notwendigkeiten des Klosteralltags kümmert. Vom Zahnpastanachschub bis zur Geburtstagstorte, vom Duschgel bis zur Reparatur einer quietschenden Tür reicht sein Aufgabenbereich.

Karmel
Um das Jahr 1150 gründete am Karmelgebirge des heutigen Israel eine Gruppe von Einsiedlern einen Orden, der sich den alttestamentlichen Propheten Elija zum Vorbild erwählte. Die feurige Kraftgestalt des Propheten prägt unverkennbar den Orden und seine Geschichte, entstammen diesem doch so leidenschaftliche Gottsucher wie Teresa von Avila und Johannes vom Kreuz.

Konklave
Kein noch so aufwendig inszenierter Thriller kann den Spannungslevel einer Papstwahl erreichen. »Extra omnes!« Alle raus! Bis auf die wahlberechtigten Kardinäle, dann schließen sich die Pforten der Sixtinischen Kapelle. Danach wird die Außenwelt nur noch durch Rauchzeichen informiert. Fieberhaftes Warten. Dann: weißer Rauch! Habemus Papam!

Konvent

Im engeren Sinn die Zusammenkunft der Mitglieder eines Klosters. Aber auch der Wohnbereich des Klosters wird so genannt.

Konvikt

Auch im kirchlichen Bereich gibt es Studentenheime, wobei man dort ein Institut, in dem Schüler oder Studenten mit gemeinsamer Hausordnung zusammenleben, als Konvikt (zu lat. *convivere* = gemeinsam leben) bezeichnet. Außerdem steht dem Konvikt ein Geistlicher vor und betreut die Wohngemeinschaft auch seelsorglich.

Kukulle

Ganz direkt aus dem Lateinischen darf man das Wort nicht übersetzen, denn dort heißt es »Tüte« oder österreichisch »Sackerl«. Es ist ein bisserl Zeit vergangen und aus dem »Sackerl« ist eine »Flocke« geworden, wie manche Mönche liebevoll den Chormantel mit den weiten Ärmeln nennen, der im Zisterzienserorden ganz weiß ist und nur den Feierlichen Professen zusteht.

Laudes

Im Kloster Heiligenkreuz folgen nach den Vigilien die Laudes, also die morgendlichen Lobpsalmen, die uns auf die Feier der heiligen Messe einstimmen, die wiederum unmittelbar auf die Laudes folgt. Laudes und Vesper feiern in besonderer Weise Christus als den himmlischen Bräutigam, der sich in der Eucharistie buchstäblich mit Haut und Haar, mit Fleisch und Blut seiner Braut, der Kirche, hingibt, damit diese mit Seele und Leib von Ihm her das Ewige Leben zu sich nehmen kann – als »Medikament der Unsterblichkeit«, wie es in der frühen Kirche hieß.

Martyrologium

Eine Sammlung von kurzen Heiligenbiografien, aus der zum gemeinsamen Abendessen vorgelesen wird. Stift Heiligenkreuz hat seine eigene Ausgabe, in der nicht nur die Heiligen aufscheinen, die von der ganzen Kirche gefeiert werden, sondern auch im Speziellen diejenigen, die für den Zisterzienserorden oder das Haus bedeutsam sind.

Matrimonium

Ein lateinisches Wort für Ehe. Man beachte: Matrimonium, nicht Patrimonium. Schon die alten Römer wussten, wer zuhause in Wahrheit die Hosen, äh, die Toga anhat.

Novize
Ein Spruch sagt: Novicius est ens semper ridens, in cella autem flens. Sinngemäß übersetzt: Ein Klosterneuling ist ein Wesen, das in der Gemeinschaft immer lächelt, aber in seiner Zelle nächtelang heult. Das Noviziat ist eine Zeit der Prüfung in vielerlei Hinsicht. Im Zisterzienserorden sind die Novizen ganz in Weiß gekleidet.

Nuntius
Ein Apostolischer Nuntius fungiert bei der Regierung eines Staates als »Botschafter des Papstes« und vertritt den Papst als Kirchenoberhaupt auch gegenüber den Ortskirchen eines Landes. Aufgrund dieser Position hat der Nuntius immer außergewöhnlich saubere Stiefel, ob er das nun schätzt oder nicht. Neuer Nuntius für Österreich ist Seine Exzellenz Peter Stephan Zurbriggen.

Paramente
Paramente ist keine Sammelbezeichnung von Geisteskrankheiten, sondern von in der Liturgie verwendeten Textilien, im engeren Sinn von jenen, die man braucht,

um in der heiligen Messe den Tisch der Eucharistie und des Wortes Gottes zu bereiten (von lat. *parare mensam* = den Tisch bereiten). Paramente sind meistens kunstfertig verziert, um die große Wertschätzung der Kirche für das Kommen Christi in der hl. Eucharistie auszudrücken.

Prior

Der Prior ist de jure der Vertreter des Abtes, de facto der Rockzipfel der Jungen, der Reibebaum der Älteren, der Verwalter der Autoschlüssel, der Feuerlöscher bei Konflikten, der Erlediger der Klosterpost, der Letzte, der schlafen geht.

Profess

Wer in einem öffentlichen Versprechen (lat. *professio* = Bekenntnis) in einer christlichen Ordensgemeinschaft Gelübde ablegt, wird danach »Professe« genannt. Diese Bezeichnung führt im Titelland Österreich nicht selten zu Irritationen, weil sie lautlich so nahe am »Professor« ist. Immerhin: Wer in Wahrhaftigkeit, Selbstprüfung und Gebet den Prozess der Entscheidungsfindung für das Ablegen eines Gelübdes durchlaufen hat, hat gewiss eine »Habilitation des Herzens« abgelegt und verdient allemal einen »Prof.«!

Purgatorium

Das Fegefeuer. Nach katholischer Lehre gibt es einen Prozess der Läuterung für die Seelen, die zwar in der Freundschaft Gottes sterben, aber noch der Reinigung von leichteren Sünden bedürfen. Dem Österreicher müsste man es so erklären: Das Fegefeuer ist der Tanzkurs, den man braucht, um den letzten Schliff für den Himmel zu bekommen.

Refektorium

Speisesaal der Mönche. An der Blickrichtung der Mönche im Refektorium lässt sich in Heiligenkreuz gut deren kanonisches Alter bestimmen: Schauen sie staunend an die barocke Decke, um die frommen Bilder zu betrachten, sind sie noch ganz neu im Kloster. Die dagegen mit den Blicken vor allem dem Speisewagen folgen, um zu sehen, was es denn heute so gibt, sind bereits die abgeklärten Silberrücken des Rudels.

Rekreation

Auch Mönche sind Menschen, und Menschen brauchen Pausen und Zeit zum Plaudern. Dafür gibt es die gemeinsamen Rekreationen, Zeiträume zum Erholen in Gemeinschaft. In der Nähe der Kaffeehausstadt Wien ist es kein Wunder, wenn die Kaffeerekreation, die es an besonderen Tagen auch gibt, fast liturgischen Charakter erhält.

Senior

Der jeweils älteste Mitbruder im Kloster trägt die Bezeichnung »Pater Senior« als besondere Ehrenbezeichnung, ist doch ein Kloster eine der letzten Zonen in unserer Gesellschaft, in der, wer alt ist, nicht automatisch zum »alten Eisen« gehört und von der Entsorgung bedroht ist, sondern in seiner Würde und Lebensleistung erkannt und geschätzt wird.

Silentium

Gegen alle Klischees: Auch in Männergesellschaften ist die Stille eine ständig bedrohte Spezies. Das Silentium, das Schweigen, darf nicht als Redeverbot missverstanden werden, sondern ist ein ungeheuer kostbares Angebot in einer menschlichen Gemeinschaft, die sich gegenseitig das Hören auf Gottes Stimme ermöglichen will. Darum führt uns dieses Schweigen auch nicht in die Isolation, sondern in die beglückende Gemeinschaft mit dem liebenden Gott selbst.

Stabilitas loci

In benediktinischen oder zisterziensischen Ordensgemeinschaften wird dem Mönch die Möglichkeit geschenkt, sein Leben an einem konkreten, physischen Ort zu verankern, damit er alle seine »Reisekräfte« in die Vertikale, hin zu Gott, hinauf in den Himmel, konzentrieren kann. Ob es zulässig ist, die Stabilitas auf ein bestimmtes Auto abzulegen, wird noch diskutiert.

Subprior

Nach Abt und Prior der dritte Obere des Klosters. In Heiligenkreuz wird dieses Amt von Pater Simeon Wester bekleidet, der außerdem Kantor ist und dafür sorgt, dass wir Mönche den richtigen Ton treffen. Sein Motto lautet: »Singen kann jeder!« Das heißt so viel wie: »Mir entkommt keiner!« Beides hat sich schon oft als zutreffend erwiesen.

Trappe, La

Im 17. Jahrhundert gründete Abt de Rancé, eine eigenwillige Kraftgestalt, im französischen Zisterzienserkloster La Trappe einen Reformzweig des Ordens: die Trappisten, die Zisterzienser der strengeren Observanz. Seitdem sehen sich die übrigen Zisterzienser zur Frage gezwungen: Sind wir nun eigentlich die »normalen« oder die »laxen« Zisterzienser? Die Antworten variieren.

Vigilien

Die Bezeichnung leitet sich vom lat. *vigilare* = wachen ab. Das ist einerseits ganz wörtlich gemeint, denn die Mönche stehen sehr früh auf: in Heiligenkreuz um 04.30 Uhr, damit sie um 05.15 Uhr schon im Chor stehen können. Verständlich ist diese konkrete und naturgemäß mühsame Sache nur vom geistlichen Gehalt her: Wir wachen, um unsere Bereitschaft für die Ankunft des Wortes Gottes in unserem Herzen mit Leib und Seele auszudrücken. Die großen Schlafsäle, in denen die Mönche früher schliefen, führten wohl oft zum unfreiwilligen vigilare: Stellen Sie sich vor, wie es ist, wenn von 150 Mönchen »nur« die Hälfte schnarcht!

Zeremoniär

Der Zeremoniär hat's schwär. Denn er will nicht nur für den sturz-, brand- und reibungslosen Ablauf der Liturgie sorgen, sondern auch dafür, dass sie richtig schön ist und ein bisschen Himmel zu verkosten gibt. Unsere Zeremoniäre in Heiligenkreuz leisten da ganze Arbeit.

Zisterzienser

Fast möchte man sagen: eine radikale Jugendbewegung des 12. Jahrhunderts in Form einer Erneuerung des benediktinischen Mönchtums. Grundprogramm der frühen

Mönche: innerlich und äußerlich Urwälder roden und Gärten anlegen durch körperliche Arbeit und intensive Meditation der Bibel. Grundprogramm der heutigen Mönche: Vorträge über die frühen Mönche halten.

Gratiarum actio

Nach einem alten militärischen Sprichwort hat der Sieg viele Väter, hingegen ist die Niederlage ein Waisenkind. Selbstverständlich zählt dieses Buch schon von vornherein zur ersten Gruppe. Es muss daher vielen gedankt werden.

Es geht die Legende, dass zur Entstehung dieses Buches nächtliche Gespräche außerhalb des Klosters wesentlich beigetragen haben. Trotzdem bestehe ich darauf, dass ich der Erfinder des Buches bin, lehne es aber kategorisch ab, mir selbst zu danken. Danken möchte ich aber allen, die Anekdoten erzählen oder vielleicht sogar erfunden haben. Großer Dank gebührt der Familie Meijer bzw. Meijer-Krones, die dem Stift Heiligenkreuz bereits in drei Generationen anekdotisch zutiefst verbunden ist. Waltraud Meijer-Krones hat in langer Arbeit in Interviews mit Mitbrüdern und Menschen, die dem Kloster verbunden sind, einen Thesaurus an

Anekdoten geschaffen und ihr Sohn David, »der letzte deutsche Lyriker«, hat spannungsreich Titel zu den Anekdoten geschaffen. Ein ganz besonderer Dank gebührt natürlich Pater Samuel Rindt, der mit großer Begabung »höchst wahre« Gemälde zu diesem Anekdotenbuch beigetragen hat. Pater Samuel war in wahrem mönchischen Gehorsam sogar bereit, »Auftragskunstwerke« zu schaffen. Allein das Titelbild in seiner Multidimensionalität ist schon eine unüberbietbare Leistung!

In höchst gekonnter Glossolalie erstellte er auch das hoch humoristische, tief wissenschaftliche Glossar zur Freude aller christlichen Aufklärer.

In Ablehnung jeglicher materialistischer Gier sei jedem gedankt, der dieses »Werk« käuflich erwirbt, noch mehr aber dem, der es liest, sich daran erfreut und eine neue Bindung zu unserem geliebten Stift Heiligenkreuz darin findet.

Gregor Henckel Donnersmarck OCist
Abt von Heiligenkreuz

Die Autoren

Abt Gregor Ulrich Henckel Donnersmarck OCist
1943 in Breslau geboren, trat er 1977, nach einer Karriere in der Wirtschaft, in das Zisterzienserkloster Heiligenkreuz ein, dem er seit 1999 als Abt vorsteht. Er ist u. a. Großkanzler der Philosophisch-Theologischen Hochschule Heiligenkreuz und Mitglied des Diözesanen Kirchenrates der Erzdiözese Wien.

Pater Samuel Rindt OCist
1974 in Braunau am Inn geboren, studierte er Germanistik und Geschichte in Wien und war als Werbetexter und Comic- und Cartoonzeichner tätig. 2004 trat er in das Kloster Heiligenkreuz ein, wo vor allem die Jugendarbeit zu seinen Aufgabenbereichen zählt.

Sabine M. Gruber
Mit einem Fuß in der Frühlingswiese
Ein Spaziergang durch
HAYDNS JAHRESZEITEN
mit Sprachbildern von
Nikolaus Harnoncourt
Illustriert von
Tomek Luczynski
Residenz Verlag

Sabine M. Gruber
Mit einem Fuß in der Frühlingswiese

Ein Spaziergang durch Haydns Jahreszeiten
mit Sprachbildern von Nikolaus Harnoncourt
Illustriert von Tomek Luczynski

ISBN 978-3-7017-1517-6

Eine heitere Entdeckungsreise an der Hand von Nikolaus Harnoncourt durch Joseph Haydns »Jahreszeiten«

Hinter jeder Wegbiegung lauern in jeder Jahreszeit Überraschungen – ganz wie im wirklichen Leben.
Und genau das ist der Inhalt von Haydns letztem großen Werk: das Leben selbst. Endlich kann sich der Musikliebhaber – gleichgültig ob neugieriger Neuling oder profunder Kenner – sogar ganz ohne Musik ein umfassendes Bild von Joseph Haydns wichtigstem Werk machen. Nikolaus Harnoncourt ist in seinem Element: Vor den Ohren des Lesers entstehen die Bilder von »springenden Hasen, Maulwürfen und anderen Kleintieren«, das Orchester muss »Töne an unsichtbaren Fäden nach oben ziehen« und die Sänger werden angehalten, »wie aus Mäulern von Krokodilen« zu singen.

Das Geschenkbuch für alle, die Musik lieben und auf vergnügliche Art und Weise die »Jahreszeiten« aus einem neuen Blickwinkel sehen wollen.